# NOTICE

# SUR M. LITTRÉ

## SA VIE ET SES TRAVAUX

PAR

## C.-A. SAINTE-BEUVE

## PARIS

LIBRAIRIE DE L. HACHETTE ET Cie

BOULEVARD SAINT-GERMAIN, Nº 77

—

1863

# NOTICE

# SUR M. LITTRÉ

## SA VIE ET SES TRAVAUX

Cette notice est extraite des *Nouveaux Lundis*, propriété de MM. MICHEL Lévy frères, éditeurs.

Paris. — Imprimerie de Ch. Lahure, rue de Fleurus, 9.

# NOTICE

# SUR M. LITTRÉ

## SA VIE ET SES TRAVAUX

PAR

## C.-A. SAINTE-BEUVE

———

PARIS

LIBRAIRIE DE L. HACHETTE ET Cⁱᵉ

BOULEVARD SAINT-GERMAIN, Nº 77

—

1863

# M. LITTRÉ[1].

Le nom de M. Littré, qui depuis des années était en estime auprès des savants et de tous les hommes instruits, est devenu, grâce à une circonstance imprévue (son échec à l'Académie par suite de la dénonciation de l'évêque d'Orléans), des plus célèbres tout d'un coup et presque populaire. C'est le moment aussi où les premières livraisons de son *Dictionnaire de la Langue française* viennent mettre en lumière et répandre à l'usage de tous les trésors d'une érudition si longuement amassée. Je n'ai point attendu ces circonstances pour exprimer les sentiments de déférence et de respect que m'a toujours inspirés l'auteur; mais je profiterai du moment favorable pour parler de lui avec l'étendue qu'il mérite, pour caractériser quelques-uns de ses travaux,

---

1. On a réuni dans cette Notice trois articles du *Constitutionnel* (juillet 1863), en les revoyant avec soin, en les corrigeant et en y ajoutant.

et le présenter au public tel que je l'ai vu constamment et que me le peignent les hommes qui l'ont le plus cultivé et qui l'ont suivi de plus près.

# I

SA NAISSANCE. — SES PARENTS. — SES ÉTUDES. — PREMIÈRE CARRIÈRE. — PREMIERS ÉCRITS.

Maximilien-Paul-Émile Littré, né à Paris le 1ᵉʳ février 1801, fut élevé par des parents d'une moralité forte, sévère et profonde ; il reçut une éducation domestique qui eut sur lui la plus grande influence et qui le marqua à jamais. Son père, en particulier, mérite qu'on s'arrête à le ressaisir et à le considérer.

C'était un Normand, d'Avranches, fils d'un orfèvre ; il avait reçu une certaine éducation et était déjà en mesure d'en profiter, lorsque, s'ennuyant de la maison paternelle où il avait une belle-mère avec laquelle il ne s'accordait pas, il alla chercher fortune à Paris. Là, informé que son père était dans la gêne, il s'engagea dans l'artillerie de marine, et envoya à Avranches le prix de son engagement. Il fut canonnier de marine pendant des années et parvint au grade de sergent-major [1].

---

1. Dans un sanglant combat, livré en vue de l'Ile-de-France par *la Cybèle* de 44 canons à un vaisseau anglais de 50, et où l'Anglais eut le dessous, la conduite du sergent-major Littré fut tellement remarquée que l'Assemblée coloniale lui décerna un sabre d'honneur.

Tel qu'on me l'a dépeint, et quoique enlaidi par la petite vérole, il était des mieux faits dans sa jeunesse, un homme superbe, athlétique, d'une vigueur, d'une adresse, d'une intrépidité sans égale, et avec des sentiments d'une fierté, d'une indépendance, d'une ambition généreuse, qui le mettaient tout à fait hors de pair. Nul doute que si, au lieu de courir les mers de l'Inde, il s'était trouvé en France dans ces années brûlantes et fécondes où les géants se levèrent, sortirent des sillons, et où la Révolution enfanta ses hommes, il n'eût été l'un d'eux et n'eût fait grandement son chemin, s'il n'avait péri. Au lieu de cela, il sema sa force sur l'élément stérile, sur la plaine *où l'on ne vendange pas*. Quand, après onze ans d'absence, il revint à terre, ayant quitté le service, le 18 Brumaire avait sonné ou allait sonner : la lutte des principes expirait. Il fallait vivre. Littré s'était marié, il était père : il entra dans les Droits réunis dès la fondation, grâce à une très-belle écriture et à la bienveillance de Français de Nantes. Après quelque emploi en province, il fut appelé à Paris, où il devint chef de bureau à l'administration centrale. Sa carrière ne fut même fixée et arrêtée à ce cran définitif qu'à la suite d'un incident où il fit preuve d'une probité intraitable et inflexible. Cependant il profitait de ses moments de loisir pour l'étude; il avait assemblé une très-bonne bibliothèque en tout genre, et se jetant sur les choses de l'esprit avec la force qu'il mettait à tout, il s'était avancé et formé lui-même. Il apprit le grec pour le montrer à son fils; plus avancé en âge, il apprit même du sanscrit, et il avait des livres en cette langue, ce qui était alors fort rare. Ce père, en un mot, avait le sentiment des hautes études. Il mérita que, dix ans après sa mort, M. Barthélemy Saint-Hilaire, ami de ses fils, et qui avait vécu dans sa maison sous la même discipline, lui dédiât sa *Politique* d'Aristote (1837), et en des termes qui se gravent et ne s'effacent plus ; voici en partie cette dédicace qui prouve quelle idée, quelle empreinte ce père de M. Littré avait laissée de lui et de sa force d'initiative : « A la mémoire de Michel-François Littré d'Avranches, chef de bureau à la direction générale des Contributions indirectes, mort à Paris le 20 décembre 1827 ; canonnier de marine durant les guerres de notre Révolution ; l'un des collaborateurs du *Journal des Hommes libres* en 1799 ; patriote sincère et constant, qui a cru et travaillé pendant sa vie entière aux progrès de la liberté ; érudit qui ne devait qu'à lui seul et à la persévérance de ses travaux des connaissances étendues et variées ; philologue distingué, l'un des plus anciens membres de la Société asiatique de Paris ; homme d'une inaltérable droiture, etc. » J'abrége. Voilà l'homme qui a créé et formé celui que nous avons.

Logé au n° 3 de la rue des Maçons-Sorbonne, dans une maison qui avait un jardin, il se plaisait à y réunir les camarades de son fils ou de ses fils ; car il avait deux fils, Émile l'aîné, le nôtre, et Barthélemy, le cadet. Mais c'était l'aîné surtout qui portait le cachet paternel, et à qui son père avait transmis toute sa passion de l'étude par le sang à la fois et par l'exemple. Il réunissait donc les jours de congé les premiers de la classe, Burnouf, Hachette, Bascou, mort professeur de littérature française à Montpellier. Ce père énergique était en plein, on le voit assez, dans les principes et les idées philosophiques du dix-huitième siècle. Il ne séparait pas la science de la morale, et il n'était pas non plus de ceux qui ensevelissent leurs débuts pénibles et leurs origines ; il avait eu la vie rude et même misérable ; il avait été pauvre, et il lui arrivait de le rappeler à son fils en des termes qui ne s'oublient pas : « Il m'est arrivé de manquer de pain , toi déjà né. » Cela devenait un stimulant ensuite pour mieux acquérir le pain de l'esprit, et surtout pour être disposé à le partager avec tous.

La mère d'Émile Littré, qui était d'Annonay, — elle, protestante de religion et croyante, — n'avait pas dans son genre une moindre originalité que son mari. C'était, telle qu'on me l'a dépeinte, une figure antique, habillée le plus souvent non comme une dame mais comme une servante, en faisant l'office au logis, la femme de ménage parfaite, une mère aux entrailles ardentes, et avec cela douée d'une élévation d'âme et d'un sentiment de la justice qu'elle dut transmettre à ce fils dont elle était fière et jalouse. Il tient beaucoup d'elle, pour le moins autant que de son père [1]. M. Littré (sans parler d'une sœur

---

1. Sophie Johannot, c'était le nom de famille de Mme Littré. Elle était d'une branche des Johannot d'Annonay, ruinée, mais parente des Boissy d'Anglas et amie des Montgolfier. S'il est vrai que dans son humble ménage elle remplit plus d'une fois le rôle de servante, elle était telle, en le remplissant, qu'elle avait été jadis dans la maison paternelle, fille adorée d'un père riche commerçant. Les Johannot étaient papetiers. Une affreuse catastrophe, où elle avait montré toute sa force d'âme, dominait ses souvenirs de jeunesse. Son père s'était déclaré avec énergie pour la Révolution ; il appartenait au parti montagnard et fut, dans un temps, maire de Saint-Étienne. Des luttes san-

morte en bas âge) avait un frère plus jeune, employé,
homme instruit, distingué, qui mourut en 1838 ; mais,
par une variété ordinaire dans cet ordre physiologique
si complexe et si mobile, il ne portait point, je l'ai dit,
l'empreinte des mœurs domestiques comme son aîné.

On ne voyait pas, à proprement parler, le monde dans
la maison Littré : c'était une officine d'étude, un labora-
toire ; *domus mea, domus orationis*. Émile était externe et
suivait, ainsi que son frère, les classes à Louis-le-Grand.
Il avait d'ordinaire la première place et tous les prix à
la fin de l'année. La première question des parents au re-
tour du collége était : « Quelle place as-tu ? » Rien ne
le distrayait d'apprendre. Les amis même, invités les
jours de congé, continuaient en quelque sorte l'émula-

glantes s'engagèrent dans le Midi. Johannot fut emprisonné, et il était
détenu à Lyon quand cette cité se souleva. Sa fille vint se loger près
de la prison ; elle consolait chaque jour son père et les amis de son
père, tous menacés de l'échafaud. Elle sortit quand les troupes de la
Convention investirent la ville et, retournant dans son pays, elle décida
des paysans et des ouvriers à s'armer : dans son héroïsme filial elle
les conduisit elle-même au camp de Dubois-Crancé. La ville prise,
elle et sa mère se hâtaient sur la route de Lyon, quand elles rencon-
trèrent quelqu'un de leur connaissance qui leur annonça que Johannot
était mort dans les prisons : cette nouvelle leur perce le cœur ; la mère
refuse de faire un pas de plus, la fille veut aller chercher le corps de
son père ; elle chemine pleurant ; puis au loin, sur la route, elle aperçoit.... son père lui-même vivant et délivré ; qu'on juge des émotions
de ces tragédies ! Mais on n'était pas à bout de tragédies. Après le
9 thermidor, dans ce second moment de réaction, Johannot est incar-
céré de nouveau et, peu après, sous prétexte de le transférer, on le
livre en proie aux fureurs ennemies : il tombe dans la rue assassiné
de dix-sept coups de poignard et de pistolet par les compagnies dites
*de Jésus et du Soleil*. Sa fille, se précipitant sur le corps de son père
et appelant les habitants et citoyens à la vengeance, devint si mena-
çante pour l'ordre d'alors que les autorités la firent arrêter. C'était
une Romaine.

tion de toute la semaine. Il croissait ainsi à côté de ses parents et de sa mère, très-libre et dominant avec simplicité parmi ses condisciples.

Ses succès de chaque fin d'année, de bons témoins me l'attestent, étaient prodigieux. En rhétorique, vétéran, il eut tous les prix du collége et plusieurs au concours : on fut tout surpris qu'il n'eût pas le prix d'honneur. Il revenait littéralement chargé et accablé de livres. La dernière année, le nombre des volumes obtenus en prix dépassait de beaucoup cent volumes.

Il n'était pas homme à plier sous le faix. Tel qu'on me le décrit à cet âge de première jeunesse, il n'était pas du tout pareil à ce savant d'une santé ferme encore, mais réduite, que nous avons sous les yeux : il jouissait d'une force de corps et d'une organisation herculéenne, héritée par lui de son père. Le premier aux exercices corporels comme à ceux de l'esprit, aux barres, à la natation, d'un jarret d'acier, d'un poignet de fer, il était capable de lever, à bras tendu, une chaise qui portait un camarade âgé de dix-neuf ans. Rien de gracieux, mais la force même. Cette force se détruisit par l'excès du travail intellectuel. Il passa du tempérament athlétique à ce tempérament diminué qui est le sien, moyennant une gastrite permanente qui ne lui dura pas moins de dix ans. Sa vigueur native, consumée ailleurs et transformée, s'est portée tout entière et s'est concentrée désormais dans les fibres seules du cerveau.

Il terminait ses classes en 1819. Il fit une année de mathématiques ; s'il eut un moment l'idée d'entrer à l'École polytechnique, il n'y donna pas suite. Un inci-

dent, une épaule qu'il se démit en piquant une tête dans
une partie de natation, l'empêcha de se présenter à l'examen. Il fut placé deux ans auprès du comte Daru en
qualité de secrétaire. Sa santé commença à se déranger.
Il continuait d'étudier, mais il se lassa de voir que
c'était sans destination. Au sortir de chez M. Daru,
il se mit à la médecine, et cette étude devint désormais la principale branche à laquelle il se rattacha
(vers 1821, 1822).

Il savait dès lors (sans parler des deux langues anciennes) l'allemand qu'il possédait à fond, plus l'anglais et l'italien; et ces diverses langues, il les savait
assez, remarquez-le, pour écrire dans chacune et pour
y composer même des vers. Il aimait ce dernier genre
d'exercice.

Vers 1823-1824, il recevait, en même temps que
M. Barthélemy Saint-Hilaire, des leçons de sanscrit
d'Eugène Burnouf; il n'en fit jamais parade, mais il
assurait ainsi par les plus fortes assises les fondements
de sa science philologique.

Pendant huit années, il se consacra d'ailleurs, presque sans partage, aux études médicales et aux prépara-
tions pénibles qu'elles exigent; il disséquait dans les
amphithéâtres, légèrement vêtu en hiver et sans aucune
des précautions ordinaires à ceux qui ne passent pas
pour délicats. Même en étudiant le corps, il semblait
pour lui, au peu de soin qu'il en prenait, que le corps
n'existât pas. Pendant trois ans, il allait assidûment au
Jardin botanique étudier les plantes, les familles, parlant
peu en chemin à son compagnon, le front penché et tout

à ses classifications exactes. Il ne s'en tint pas aux cours
de l'École, il passa par tous les degrés de l'externat et
de l'internat dans les divers hôpitaux; il y fut condis-
ciple et collègue des docteurs Michon, Danyau, Natalis
Guillot, Gervais (de Caen). A tous, selon l'expression de
ce dernier, il inspirait dès lors plus que de l'estime;
c'était du respect. On avait de lui la plus haute idée. Un
nouveau *Journal de médecine* s'était fondé sous les aus-
pices et par la collaboration de jeunes médecins déjà en
renom, Andral, Bouillaud, Blandin, Casenave, Dal-
mas, etc. Ils s'adjoignirent M. Littré, encore interne.
Sa carrière médicale semblait tout indiquée, toute tracée.
Mais en 1827, son père meurt; il reste avec sa mère et
son frère sans fortune, sans ressource. Il faut soutenir
sa mère; il y pourvoit et donne des leçons de latin, de
grec, jusqu'en 1831.

Pourquoi alors ne pas se faire tout simplement recevoir docteur en médecine et ne pas se livrer incontinent
à l'exercice d'un art où il était déjà maître, et où les
maîtres le traitaient au moins en égal? On se le demande;
ses amis se le demandèrent dans le temps et le pres-
sèrent de questions, quelques-uns même d'instances. Il
avait toutes ses inscriptions; il ne lui manquait qu'un
titre, et ce titre, il ne l'a même pas encore aujourd'hui;
il a toujours négligé de le prendre. Il est membre de
l'Académie de médecine, et il n'est pas docteur! Pourquoi s'être arrêté ainsi au terme, non pas devant le
seuil d'une initiation nouvelle et d'une épreuve (ce n'en
était pas une pour un tel candidat), mais devant la
porte de sortie toute grande ouverte? Nous touchons là,

dans ce caractère essentiellement moral, à quelqu'une
des difficultés secrètes qui sont le scrupule des consciences délicates et qu'on ne peut que sonder discrète-
ment. Les années de son internat terminées, il n'avait,
nous l'avons dit, aucune fortune : l'établissement d'un
médecin coûte en premiers frais ; il aurait fallu con-
tracter une dette, une obligation ; il n'osa prendre sur
lui ce risque, il ne voulut pas « charger sa vie. » C'était
chez lui un principe de conduite qu'il s'était fait de bonne
heure. Et voilà pourquoi, tout traducteur d'Hippocrate
qu'il est, tout excellent praticien qu'il est aussi et très-
habile guérisseur, il n'est pas médecin en titre et sur
l'*Annuaire*. S'il pratique l'été à la campagne (et il le fait
de grand cœur et avec grand succès), c'est pour les
pauvres, pour les voisins, et rien que pour eux.

Dirai-je toute ma pensée ? quand les Stoïciens se mêlent
d'être modestes, on ne peut savoir à quel point ils le
sont, et quel degré de scrupule et de raffinement ils
portent dans cette vertu d'humilité, et même à leur insu
quelquefois. J'ai beaucoup étudié les Port-Royalistes,
ces Stoïciens du Christianisme. Eh bien ! parmi eux,
combien en ai-je rencontré qui, purs, éclairés, savants
et fervents, tout nourris de la moelle sacrée des Basile
et des Chrysostome, capables d'être prêtres et des meilleurs, n'osaient prendre sur eux le ministère de l'autel
et se rabattaient à ne vouloir jamais être que diacres ou
acolytes ! De même, j'imagine, cette âme austère et modeste de M. Littré, qui s'est montrée égale à l'interprétation du plus grand médecin de l'Antiquité et à l'intelligence de cette royale nature d'Hippocrate, se rabat vo-

lontiers à n'être qu'un des derniers de son Ordre, un
officier de santé, pendant ses mois d'été à la campagne.
Jouissance intime et sobre, non exempte de privation,
d'autant plus voisine de la conscience, et qui fuit les
orgueilleux vulgaires !

Dans les journées de Juillet 1830, après la violation
des lois par le pouvoir existant, M. Littré avait fait selon
ses principes ; il avait pris le fusil ainsi que ses amis,
avec cette particularité qu'il s'était revêtu d'un habit de
garde nationale, habit séditieux, puisque la garde nationale
était dissoute ; et il joignait à l'uniforme un chapeau
rond. Pendant toute la journée du mercredi 28, il avait
fait le coup de feu dans la Cité, le long du quai Napo-
léon. Le lendemain jeudi, au Carrousel, Farcy avait été
frappé d'une balle à son côté ; et c'est chez lui que le
corps du généreux jeune homme avait été ramené à travers les mille difficultés du moment. On avait fait une
civière avec le pan de volet d'une boutique de marchand
de vin ; quatre porteurs de bonne volonté s'étaient char-
gés du fardeau, et M. Hachette, conduisant le convoi
sanglant, chapeau bas, à travers le respect universel,
était arrivé à la maison de M. Littré, d'où le corps, dès
qu'on l'avait pu, était ensuite allé au Père La Chaise, y
recevoir les derniers honneurs.

M. Littré entra au *National* en 1831. Un de ses anciens
collègues d'internat, le docteur Campaignac, parla de
lui à Carrel dont il était le médecin, et M. Barthélemy
Saint-Hilaire se chargea aussi de l'introduire. Mais il n'y
était point d'abord sur le pied auquel il aurait pu prétendre. Il était simple traducteur des journaux étrangers

sous M. Albert Stapfer. Trois années durant, il resta
dans cette position secondaire, sans que le rédacteur en
chef devinât toute la portée de son mérite et sans que lui,
de son côté, il fît rien pour l'en avertir. Un article qu'il
écrivit un jour, à la recommandation du libraire Paulin,
au sujet d'un Discours de W. Herschel, fils de l'illustre
astronome, *sur l'Étude de la philosophie naturelle*, un
très-bel article tout animé du souffle newtonien et où il
s'inspirait du génie des sciences (14 février 1835), frappa
pourtant et devait frapper Carrel ; arrivant ce jour-là au
*National* et voyant Littré qui traduisait ses journaux
allemands, selon son habitude, au bout de la table de la
rédaction dans le salon commun : « Mais vous ne pouvez
rester dans cette position, lui dit-il, vous êtes notre collaborateur. » L'estime de Carrel fut très-haute dès qu'il
se mit à l'apprécier ; il essaya même de faire de lui un
rédacteur politique et de premiers-Paris. C'était trop demander à l'écrivain philosophe. M. Littré, du vivant de
Carrel et après lui, fit des articles et rendit des services
au *National*, mais sans jamais être, à proprement parler,
un collaborateur politique et une plume d'action.

Dès ce temps et à travers les diversions commandées
par la nécessité, il avait repris la suite de ses études médicales. Il mêlait la pratique à la science. Il était des
plus assidus au service de M. Rayer à la Charité, et il prit
part pendant six ans aux travaux de ce médecin si distingué qui est son ami. Dès 1830, le libraire Baillière
lui avait proposé de faire une traduction et une édition
d'Hippocrate. Ce devait être d'abord avec M. Andral.
L'affaire ne fut reprise et convenue avec M. Littré seul

qu'en 1834. A partir de ce moment, la publication d'Hippocrate devint l'œuvre capitale de M. Littré, celle sur laquelle se dirigea et se concentra pendant des années son principal effort intellectuel. Les articles, publiés par lui dans la *Revue des Deux Mondes* depuis 1836, et ailleurs, n'étaient que des accessoires et des hors-d'œuvre.

Je ne puis cependant omettre de signaler quelques-uns de ces beaux articles qui montraient dès lors en M. Littré le médecin et le naturaliste philosophe, le morceau des *Grandes Épidémies* (*Revue des Deux Mondes*, 15 janvier 1836), et les deux morceaux précédemment publiés dans un autre recueil (*Revue Républicaine*, 10 juin et 10 novembre 1834), au sujet des *Recherches sur les ossements fossiles, de Cuvier*, et des *Nouvelles recherches des géomètres sur la chaleur de la terre*. Le sentiment de ces époques antérieures à l'homme et à l'humanité, plus grandes que notre faible espèce, qui en embrassent et en dépassent les limites, et qui sont mesurées sur un tout autre compas que nos cadrans particuliers, y respire et y règne sans partage avec une sorte de tristesse sereine. La vue élevée et anticipée qu'eurent de ces choses, dans l'Antiquité même, les Sénèque, les Lucrèce, les Aristote, les Empédocle, M. Littré l'a retrouvée, et il la rend à son tour, en y joignant la connaissance plus précise qui caractérise les modernes :

« On prétend, dit-il, que Virgile, interrogé sur les choses qui ne causent jamais ni dégoût, ni satiété, répondit qu'on se lassait de tout, excepté de comprendre (*præter intelligere*). Certes, la pensée est profonde, et elle appartient bien à une âme retirée et tranquille comme celle du poëte romain. Une vie entière d'étude, accompagnée de lumière et de poésie, l'avait porté dans les pures et paisibles régions de l'intelligence; mais jamais on ne sent mieux la vérité des mots qui lui sont attribués, que lorsqu'on touche à ces questions qui nous lancent dans la double immensité du temps et de l'espace. Il y a dans la petitesse de l'homme, dans la petitesse de sa terre, dans la brièveté de sa vie, quelque chose qui contraste singulièrement avec les énormes distances qu'il soupçonne, et les vastes intervalles de temps qu'il suppute et qu'il retrouve dans les ombres du passé. Grâce à ceux qui, comme dit Childe-Harold, *ont rendu légers nos travaux mortels*, une certaine lumière a commencé à poindre. La science est le flambeau qui vient éclairer un lieu obscur; et tout entraîné qu'on est par le tourbillon de la terre et de la vie, c'est quelque chose que de pouvoir jeter un grave et long regard sur ces ténèbres et cet abîme. »

Nourri des fortes lectures et abreuvé aux hautes sources des poëtes, M. Littré a un côté de lui-même qu'il n'a jamais laissé qu'entrevoir et qui est celui d'une poésie philosophique à laquelle, m'a-t-on assuré, il excelle. On m'a parlé d'une ode *sur la Lumière*, dans laquelle, pénétré de toutes les théories optiques modernes et imbu des grandes paroles pittoresques des maîtres primitifs, il s'est élevé à une belle inspiration de science et de poésie. Je voudrais la lui arracher et j'en désespère [1].

1. J'avais tort de désespérer; ces Stances désirées m'arrivent à l'instant, avec quelques autres pièces de vers, de la jeunesse de

Dans ses articles sur les âges du monde antérieurs à l'homme, il a su rendre avec un sentiment bien présent cet accident et ce mystère de la vie qui vient, à certains jours, éclore tout à coup à la surface. « Je ne sais, disait autrefois la mère des Machabées à ses enfants, comment vous avez paru dans mon sein; ce n'est pas moi qui vous ai donné l'âme, l'esprit et la vie que vous y avez reçus. » — « Il faut, ajoute M. Littré, qui invoque ce passage, répéter les paroles de la femme de l'Écriture au sujet de l'apparition de l'homme sur la terre, des races animales, du plus humble des insectes, du moindre des végétaux, de la plus petite chose vivante. » Mais il y avait alors, au moment de la vaste éclosion première, je ne sais quel grand printemps plus magnifique

l'auteur. L'ode intitulée *la Lumière* est de 1824; qu'on veuille se reporter au moment. M. de Lamartine venait de faire *les Étoiles*; M. Littré, de son point de vue de savant ému, interroge, à son tour, les rayons lumineux qui nous arrivent de si loin et qui ont vu tant de choses au passage; voici les dernières strophes:

> Rayons que nous envoie une nuit étoilée,
> Venus de cieux en cieux jusqu'en notre vallée,
>     Que nous apportez-vous?
> Vous n'avez point de voix, seuls messagers des mondes,
> Et poursuivant en paix vos courses vagabondes,
>     Vous passez devant nous.
>
> Que dis-je! ce rayon, que tant de force anime,
> De l'espace toujours ne franchit pas l'abîme,
>     Ni n'atteint notre bord;
> Le flot étincelant qui partout le propage,
> Baissant de plus en plus dans la mer sans rivage,
>     S'affaiblit et s'endort.
>
> Par delà ce ruban dont la blanche lumière,
> A peine descendant jusque sur notre terre,
>     Vient mourir à nos yeux,
> Sont encor des soleils, étoiles inconnues,
> Qui, voilés à jamais, de leurs clartés perdue
>     N'atteignent pas nos cieux!

et plus fécond ; le monde entier plus jeune menait un printemps plus sacré que ceux qu'on a vus depuis, toute une saison de fête et de triomphe, dont les nôtres ne sont plus que de moindres et pâles images. « Il semble que la puissance qui s'exerça alors jouissait d'une activité immense qui est réduite aujourd'hui à des effets obscurs et à d'insignifiantes ébauches. »

En s'appliquant à l'exposé de ces hautes questions primordiales, M. Littré y affermit son âme et y fortifie son entendement. Il est plein, chemin faisant, de citations littéraires admirables et qui sortent d'un fonds riche où toute doctrine s'est accumulée. Il n'est jamais plus satisfait que quand il peut revêtir sa propre pensée de l'expression de quelque ancien sage ; et, par exemple, il tire à lui et détourne ici à son objet, en l'accommodant quelque peu, ce beau mot du philosophe Charron traitant de Dieu même : « Le plus expédient est que l'âme s'élève par-dessus tout comme en un vide vague et infini, avec un silence profond et chaste et une admiration toute pleine de craintive humilité. » Tel est le sentiment, religieux à sa manière et des plus graves, des plus moraux assurément, que M. Littré apporte en ces considérations d'un ordre si étendu et si vaste. Béranger, qui avait lu ces articles de la *Revue républicaine*, en avait été vivement frappé et avait dû à l'auteur un agrandissement d'horizon [1].

---

1. Voici encore l'éloquente conclusion d'un article de M. Littré, dans la *Revue des deux Mondes* du 1er avril 1838, à propos des *Œuvres d'histoire naturelle* de Gœthe :

« En commençant, j'ai rappelé, dit-il, la magnificence du spectacle

En 1835, M. Littré se maria. Peu de temps auparavant, il comptait encore échapper à ce joug que la société impose et se croyait fait pour le célibat. Il changea brusquement d'avis et se soumit avec facilité. Il épousa une personne simple et de mérite, pieuse et pratiquant. La fille qui lui naquit et qui est aujourd'hui si digne de son père, une aide intelligente dans ses travaux, fut élevée de même selon la foi de sa mère, chrétiennement. C'est ainsi que ce philosophe, au cœur doux autant qu'à l'esprit élevé, comprend la tolérance et l'exerce autour de lui. Ce fut lui-même qui éleva sa fille. Chaque jour, après le dîner, une heure durant, il lui faisait faire des devoirs, des dictées, dont *Sophie* était l'occasion et le sujet. Il y mettait de l'ingénieux, et même une sorte de grâce. De même qu'il respecta toujours dans sa femme la piété qu'elle avait, il la respecta également dans sa fille avec une délicatesse et une douceur parfaites. Quand on est initié comme je le suis, comme je viens de l'être par toutes sortes de témoignages, à cet intérieur d'honnêteté, de simplicité et de

du ciel, et combien les yeux se plaisent à considérer ces étoiles innombrables, ces globes semés dans l'espace, ces îles de lumière, comme dit Byron, dont se pare la nuit : je termine en rappelant que, pour les yeux de l'intelligence, le spectacle des lois mystérieuses et irrésistibles qui gouvernent les choses n'est ni moins splendide ni moins attrayant. Le poëte latin, quand il dissipe l'obscurité qui enveloppe son héros, lui fait voir, au milieu du tumulte d'une ville qui s'abime, les formes redoutables des divinités qui président à ce grand changement, *numina magna deûm*. Ainsi, au milieu du tumulte de la vie qui arrive et de la vie qui s'en va, au milieu de l'évolution perpétuelle des êtres apparaissent les lois redoutables que l'esprit humain ne peut contempler ni sans effroi ni sans ravissement. »

devoir, le cœur se révolte à penser que c'est cet homme-là, la droiture et la vertu même, une âme en qui jamais une idée mauvaise ou douteuse n'a pénétré, que c'est lui qu'on est allé choisir tout exprès pour le dénoncer à tous les pères de famille de France comme un type d'immoralité. — Et cela, parce qu'il pense autrement que vous, partisan littéral de la Genèse, sur l'origine des choses et l'éternité du monde! Quand donc ne placerons-nous la morale que là où elle est réellement?

# II

## ÉDITION ET TRADUCTION D'HIPPOCRATE. — NOMINATION A L'INSTITUT.

Mais il nous faut en venir au premier et principal titre de M. Littré en ces années et dans la première moitié de sa carrière. à son *Hippocrate*.

Ce qu'il fallait de connaissances positives et variées, d'aptitudes et de spécialités diverses, concourant dans un labeur assidu, pour entreprendre et mener à fin cette grande œuvre de la Collection hippocratique, rien qu'une telle idée, au premier aspect, eût été capable d'effrayer et de détourner tout autre que M. Littré : intelligence approfondie du grec, lecture des manuscrits, collation des textes et détermination du dialecte ; intelligence et reconstitution des doctrines au point de vue

médical ancien, examen critique en tous sens, interprétation et traduction à notre usage, tellement que les
traités hippocratiques, en définitive, « pussent être lus
et compris désormais comme un livre contemporain. »
Le traducteur-éditeur a suffi à cette tâche considérable,
et le monument qu'il a mis vingt-cinq ans à préparer
et à produire, répond pour lui (1839-1862).

Hippocrate ! si je me laissais aller à parler comme
je sentais à l'âge où j'essayai pour la première fois de
t'aborder, que ne dirais-je pas de toi ! Nom vénérable
et presque sacré, plus mystérieux et plus voilé que
ceux de Socrate et de Platon, à peine plus dessiné à nos
yeux et plus distinct que celui d'Homère, on ne t'inter-
rogeait qu'avec respect et religion ; on supposait der-
rière ta science toutes sortes de sciences perdues, on
voyait dans ton expérience le résumé de toutes les expériences ; on sentait en toi, aux bons endroits lumineux,
l'universalité d'une doctrine, le lien de l'observation
comparée, partout le sentiment de la vie ; on voulait
tout comprendre, on espérait t'arracher de derniers se-
crets ; on te demandait presque des oracles. M. Littré,
le flambeau ou la lampe à la main, a rabattu beaucoup
de ces vagues espérances et a simplifié l'étude par la
critique. Du véritable Hippocrate, à le prendre dans sa
sa vie, si l'on retranche tout ce que la légende et la fable
y ont ajouté, combien on sait peu de chose ! Platon,
seule autorité authentique sur son compte, nous apprend, par le passage d'un dialogue, qu'Hippocrate de
Cos, contemporain de Socrate, était de la famille des
Asclépiades, c'est-à-dire d'une race de médecins qui

prétendaient remonter à Esculape; qu'il était praticien et professeur renommé, et qu'il donnait des leçons qu'on payait. C'est bien peu. Il nous faut renoncer dès lors à toutes les anecdotes postérieures qui ont couru et qui font légende à son sujet; aux services qu'il aurait rendus à la Grèce pendant la peste d'Athènes, et dont Thucydide ne dit mot; à ces grands bûchers qu'il aurait fait allumer pour purifier l'air et qui chassèrent le fléau; à son refus d'aller servir le roi de Perse, et à son mépris des présents d'Artaxerce : inventions agréables, ingénieuses, mais inventions de rhéteurs, nées d'écrits apocryphes que la critique n'admet pas et qu'elle met à néant. Elle est sans pitié, cette critique; elle est en garde contre tout ce que cette Grèce aimable et mensongère a imaginé; elle se bouche les oreilles avec de la cire contre la voix des Sirènes. Je suis de ceux qui ne sont pas sans quelque regret sur ces pertes que fait l'imagination des âges en avançant. Si nous détruisons la légende, il semble que nous devrions nous mettre en peine de la remplacer aussitôt; si nous arrachons le rameau d'or, qu'un autre rameau succède à l'instant et repousse, ne fût-ce qu'un rameau d'argent. Ne laissons pas une lumière, même décevante, s'éteindre sans la rallumer sous une autre forme et, s'il se peut, par un autre flambeau. N'appauvrissons pas la mémoire humaine et le Panthéon du passé d'une grande image. Si la figure d'Hippocrate se détruit et s'évanouit par un côté, qu'elle se relève aussitôt et subsiste de l'autre.

M. Littré l'a fait en partie, bien que, doué comme il est, il l'eût pu faire peut-être encore davantage. J'aurais aimé à trouver dans son *Introduction* d'Hippocrate quelque page vivante, animée, se détachant aisément, flottante et immortelle, une page décidément de grand écrivain et à la Buffon, comme il était certes capable de l'écrire, où fût restauré, sans un trait faux, mais éclairé de toutes les lumières probables, ce personnage d'Hippocrate, du vieillard divin, dans sa ligne idéale, tenant en main le sceptre de son art, ce sceptre enroulé du mystérieux serpent d'Épidaure ; un Hippocrate environné de disciples, au lit du malade, le front grave, au tact divinateur, au pronostic sûr et presque infaillible ; juge unique de l'ensemble des phénomènes, en saisissant le lien, embrassant d'un coup d'œil la marche du mal, l'équilibre instable de la vie, prédisant les crises ; maître dans tous les dehors de l'observation médicale, qu'il possédait comme pas un ne l'a fait depuis. Quand je dis que j'aurais désiré trouver un tel portrait idéal, je ne suis pas juste, car il y est, bien qu'un peu trop dispersé ; les chapitres XIII et XIV de l'*Introduction* qui ont pour titre : *Exposé sommaire de la doctrine médicale d'Hippocrate; Remarques sur le caractère médical et le style d'Hippocrate;* ces chapitres ne sont autre chose que la description exacte, précise, définitive, de la forme de science et du genre de talent de l'Homère médical. Il faudrait bien peu pour donner à telle de ces pages de la couleur et de la flamme, de ce qui brille de loin ; mais ce peu eût sans doute paru de trop à l'esprit exact et consciencieux qui tient à ne pas excéder d'une ligne la limite du vrai.

Voici pourtant quelques beaux passages, du jugement

le plus sûr, de la meilleure et de la plus saine des langues :

« Hippocrate a fleuri à l'époque la plus brillante de la civilisation grecque, dans ce siècle de Périclès qui a laissé d'immortels souvenirs. Il a vécu avec Socrate, Phidias, Sophocle, Euripide, Thucydide, Aristophane, et il n'a pas été indigne de cette haute société. Lui aussi a partagé le sentiment qui pénétrait alors les Hellènes, enorgueillis de leur liberté, enthousiasmés de leurs triomphes, épris de leurs belles créations dans les arts, dans les lettres et dans les sciences. Voyez dans le traité *des Airs, des Eaux et des Lieux*, avec quelle fierté le Grec triomphe du barbare, l'homme libre du sujet soumis à un maître, l'Européen vainqueur de l'Asiatique partout vaincu sur terre et sur mer. Se peut-il trouver un sentiment national plus fièrement exprimé que cette supériorité de race que le médecin de Cos attribue à ses compatriotes ? Plus on pénètre le sens des écrits d'Hippocrate, et plus l'on s'identifie avec le fond et la forme de ses pensées ; plus aussi on comprend l'affinité qu'il a avec les grands esprits ses contemporains, et plus l'on est persuadé qu'il porte comme eux la vive empreinte du génie grec. »

Et plus loin, je détache, avec le regret de l'abréger, une belle et bien bonne page encore :

« Celse a vanté la probité scientifique d'Hippocrate dans une phrase brillante qui est gravée dans tous les souvenirs : (« Hippocrate, a-t-il dit, a témoigné qu'il s'était trompé dans un cas de fracture du crâne, et il a fait cet aveu avec la candeur propre aux grands hommes, aux riches qui ont pleine conscience du grand fonds qu'ils portent en eux »).... C'est le même sentiment de probité qui lui inspire la plus vive répugnance pour tout ce qui sent le charlatanisme.... La haine qu'Hippocrate ressentait et exprimait à l'égard des charlatans est très-comparable à la haine qui animait Socrate, son contemporain, contre les sophistes. Le médecin et le philosophe poursuivent d'une égale réprobation ces hommes qui abusaient de la crédulité populaire pour vendre, les uns, une fausse médecine, les autres, une fausse sagesse... Il fallait véritablement qu'Hippocrate eût été blessé du spectacle donné par l'effronterie des charlatans et par la crédulité du public pour insister auprès des médecins ses élèves avec tant de force, non pas seulement contre l'emploi d'un charlatanisme honteux, mais encore contre toute conduite dont le soin exclusif ne serait pas d'en écarter jusqu'à l'ombre la plus légère. La guerre aux sophistes faite par Socrate, la guerre à l'esprit de charlatanisme faite par Hippocrate, sont de la même époque et portent le même caractère. »

M. Littré, en cela, est bien un disciple d'Hippocrate. Bien qu'il n'ait pas prononcé le fameux *Serment* qui lie au sacerdoce médical, il le porte écrit dans son cœur. A le voir passer si souvent tout près de l'éclat en l'évitant, et si en garde contre toute magie, même celle du langage, on ne peut s'empêcher de faire la comparaison de lui à tant d'autres, qui ont du talent, mais aussi la montre et l'emphase du talent.

Venant à définir le style si caractéristique du père auguste de la médecine, cette langue ionienne, chez lui si ferme et si sévère, bien qu'élégante toujours, ce style aphoristique en particulier auquel Hippocrate a donné vogue et qu'il semble avoir communiqué depuis à des moralistes eux-mêmes pour graver leurs pensées, il y reconnaît la marque primitive du maître, qui est demeurée sans égale, bien des choses qui, répétées depuis, n'ont plus été exprimées avec le même sens et la même grandeur. « On ne doit pas aller là, dit-il, pour apprendre la médecine; mais, quand on est pourvu d'une instruction forte et solide, il faut y chercher un complément qui agrandisse l'esprit, affermisse le jugement, excite la méditation, genre de service que tous les livres ne rendent pas. » Modeste pour son auteur comme pour lui-même, on peut trouver qu'il ne le loue que juste assez.

Je regrette que ce ne soit pas ici le lieu d'entrer dans le détail des commentaires si sagaces et si fins qu'il donne de quelques-uns des aphorismes, notamment de ce premier aphorisme si célèbre :

« La vie est courte, l'art est long, l'occasion fugitive, l'expérience trompeuse, le jugement difficile. Il faut non-seulement faire soi-même ce qui convient, mais encore faire que le malade, les assistants et les choses extérieures y concourent. »

Il en tire les inductions les plus légitimes sur la pratique d'Hippocrate en qui il se refuse à ne voir, comme quelques-uns, qu'un observateur diligent, mais inactif, de la marche de la maladie et un médecin expectant. Hippocrate ouvrirait-il son livre par cet avertissement solennel concernant *l'occasion fugitive*, s'il n'avait été

frappé des malheurs causés par d'irréparables hésita-
tions, et s'il n'avait senti par expérience toute la res-
ponsabilité des heures perdues? M. Littré a là-dessus
une belle page.

Le premier volume terminé, M. Littré eut la pensée
pieuse de le dédier à la *mémoire* de son père, et il le fit
en des termes qui rivalisent avec ceux de M. Barthélemy Saint-Hilaire, dédiant à la même mémoire sa traduction de la *Politique* d'Aristote. Savez-vous que de tels
hommages sont des épitaphes en lettres d'or?

« A LA MÉMOIRE DE MON PÈRE

## MICHEL-FRANÇOIS LITTRÉ....

« Malgré les occupations les plus diverses d'une vie traversée,
il ne cessa de se livrer à l'étude des lettres et des sciences, et il
forma ses enfants sur son modèle. Préparé par ses leçons et par
son exemple, j'ai été soutenu dans mon long travail par son souvenir toujours présent. J'ai voulu inscrire son nom sur la première
page de ce livre, auquel du fond de la tombe il a eu tant de part,
afin que le travail du père ne fût pas oublié dans le travail du fils,
et qu'une pieuse et juste reconnaissance rattachât l'œuvre du
vivant à l'héritage du mort.... »

C'est ainsi que ce juste et ce sage à la manière de
Confucius entend la reconnaissance filiale, et qu'il en
motive le témoignage en le consacrant.

Une grande douleur avait frappé M. Littré au moment
où il achevait d'imprimer le premier volume (1838), et
elle en eût suspendu à coup sûr la publication si elle
était venue l'atteindre plus tôt. Il perdit son frère,
homme d'esprit et de goût, et qui périt pour s'être livré

avec trop d'imprudence à des études d'anatomie :
comme Bichat, il mourut des suites de cette sorte d'em-
poisonnement cadavérique. La douleur de M. Littré, à
chacune de ces pertes de famille, ne peut se rendre : à la
mort de son frère, plus tard à la mort de sa mère, on
me le dépeint fixe, immobile, la tête baissée près du
foyer, dans une sorte de stupeur muette, restant des
mois entiers sans travailler, sans toucher une plume ni
un livre, et comme mort à tout. Ces âmes intègres et
entières ont des sensibilités plus entières aussi ; elles
ont, à leur manière, des religions de famille, et, quand
le destin les frappe, elles reçoivent le coup en plein,
sans subterfuge, sans consolation.

Des amis essayèrent de le tirer de cet état sombre.
Une place était vacante à l'Institut, à l'Académie des
Inscriptions et Belles-Lettres ; Eugène Burnouf vint trouver M. Littré et lui dit à brûle-pourpoint : « Il faut que
tu te présentes. » Littré résista, et même violemment.
La difficulté était bien plus en lui que du côté de l'Académie. Le vieux et respectable Burnouf père fut mis
alors en mouvement et vint le presser à son tour. Littré
résista encore, avec moins de vivacité cependant. Mais
ce fut sa mère seule qui, en dernier lieu et après un
double assaut, l'emporta, comme la mère de Coriolan.
Le voilà donc sur les rangs, en tournée de visites,
de concert avec M. Barthélemy Saint-Hilaire, qui ne le
lâchait pas, et qui faisait de ce succès de son ami comme
un triomphe personnel. On se trompait parfois à les voir
arriver tous deux, et l'on ne savait lequel précisément
se présentait aux suffrages : « Non, ce n'est pas Aristote

cette fois, disait M. Barthélemy Saint-Hilaire, c'est Hippocrate qui a le pas et qui vient à vous. »

M. Letronne était des plus vifs pour M. Littré. Un incident survint. M. Littré, à ce moment, faisait imprimer sa traduction de la *Vie de Jésus*, de Strauss. Il sut que quelques académiciens timorés ou hypocrites en faisaient une objection contre lui; on colportait des feuilles pour faire échouer sa candidature. M. Letronne, qui le poussait et le patronnait, lui demanda un jour : « Qu'est-ce donc que ce livre allemand que vous imprimez et dont on parle? » M. Littré le lui expliqua, en ajoutant : « Si cela ne contrarie que tel ou tel membre de l'Académie, peu importe; mais si c'est un embarras pour l'Académie elle-même et pour mes amis, je me retire. » L'Académie des Inscriptions n'y vit point un embarras, et se fit honneur en nommant M. Littré (1839).

# III

## NOMBREUX TRAVAUX EN TOUS SENS. — UNIVERSALITÉ.

Au point où je suis arrivé dans la carrière scientifique et littéraire de M. Littré, je suis obligé de prendre un parti et de diviser l'homme, sans quoi je ne pourrais le suivre de front dans tous les ordres de travaux.

Une fois de l'Académie des Inscriptions, il remplaça Fauriel dans la Commission de l'*Histoire littéraire de la*

*France* (1844). Les tomes XXI, XXII, XXIII, de cette *Histoire* contiennent de lui des notices importantes sur des médecins du Moyen-Age, des glossaires, des romans ou poëmes d'aventures et autres branches de poésie des trouvères.

Collaborateur de la *Revue des Deux Mondes* depuis 1836, il ne cessa d'y donner des articles excellents où sa littérature, toujours forte, s'animait et s'ornait davantage. C'est là que parut cet article en l'honneur de nos vieux trouvères, qui fit sensation et un peu scandale parmi les partisans religieux de l'Antiquité, et dans lequel il se risqua à traduire un chant de l'*Iliade* en vers français du treizième siècle : tentative ingénieuse où le poëte peut échouer, où le critique et le linguiste prennent leur revanche et triomphent. Notez qu'en traduisant ainsi tout un chant, là où cinquante vers eussent suffi pour donner une juste idée aux lecteurs, M. Littré s'exerçait pour son compte et achevait de se rendre maître de notre vieille langue. Il se faisait trouvère lui-même pour mieux juger les trouvères.

Collaborateur du *Journal des Savants* depuis 1855, il est un de ceux qui y contribuèrent le plus dans les années suivantes par des articles de fond, philologiques, historiques, dont une partie seulement (ceux qui concernent la langue et la littérature du Moyen-Age) a été recueillie. Je distingue, entre tous ces articles sévères, d'analyse et de discussion, celui qui traite des Mélanges littéraires de M. de Sacy, une oasis charmante au milieu de ces graves domaines, une causerie pleine de laisser-aller, où M. Littré, en compagnie d'un ancien ami, consent à ôter sa ceinture, à détendre tous ses systèmes, à se conformer à cette nature d'esprit de M. de Sacy, qu'il définit « exclusive à la fois et tolérante, » et à n'être plus qu'un Rollin supérieur et souriant.

M. Littré a donné de plus au *Journal des Débats*, depuis 1852, nombre d'articles littéraires très-remarqués et toujours instructifs, bien que le ton tranche parfois sur celui de la rédaction ordinaire. J'y distingue, à propos de traductions nouvelles de la *Divine Comédie*, trois articles sur Dante, où il y a force, gravité, beauté et même de jolies choses. Vous en doutez ; écoutez ceci :

« Nul plus que lui (Dante) n'a contribué à fixer ce bel idiome, que j'appellerais avec Byron *le doux bâtard du latin*, si je ne prétendais que l'italien, avec les autres idiomes romans ses frères, l'espagnol et le français, sont des fils légitimes qui, ayant été livrés pendant leur minorité à la violence des voisins, ont fini par reprendre le rang dû à leur haute origine. C'est grâce à lui que les Italiens entendent couramment leur langue du quatorzième siècle ; nous qui n'avons pas eu de Dante, nous avons vu la nôtre, dont alors la culture était plus ancienne et plus étendue, tomber rapidement en désuétude, si bien qu'elle est reléguée aujourd'hui dans le domaine de l'érudition. Dante a défendu le vieil italien contre la vieillesse.... »

La *Revue germanique*, recueil utile fondé depuis quelques années, a réclamé le concours de M. Littré et l'a obtenu. Il y a notamment inséré des traductions en vers de poésies de Schiller, essais de jeunesse datant de 1823 et 1824. Comme les savants du seizième siècle, il sait tout, et il fait de tout. La poésie n'est qu'une des formes plus légères de son application : c'est une des rares récréations qu'il s'est permises; c'est chez lui le coin de l'*amateur*.

Je ne parle plus du tout des travaux de M. Littré comme médecin, quoiqu'il n'ait cessé de produire dans cette voie : le Dictionnaire connu dans le monde médical sous le nom courant de *Dictionnaire en 30*, est rempli de ses excellents articles. Je remarquerai seulement, à propos du *Dictionnaire de médecine, de chirurgie*, etc., pour lequel on lui a cherché chicane, comme s'il avait voulu se couvrir du nom de Nysten, que c'est sa délicatesse même qui, dans ce cas, lui a nui. Ce Dictionnaire appartient au libraire M. Baillière : il le fit revoir et refaire presque de fond en comble, et il voulait ôter le nom de Nysten. Ce fut M. Littré qui s'y opposa et qui lui dit : « Mais non, il faut laisser le nom du premier rédacteur; il ne faut pas effacer toute trace des hommes nos devanciers. » C'est cet acte de scrupule et de réserve honorable qu'on a depuis voulu retourner contre lui. Des libelles au nom de Nysten ont couru; par une manœuvre adroite, ils se sont glissés sous nos portes, à nous membres de l'Académie, la veille même de l'élection. Les gens de parti ne reculent pas devant ces petites infamies; j'en reçois personnellement des preuves pour mon compte. Des niais qui n'entendent pas le premier mot à ces choses se sont enflammés d'un beau zèle. Jamais l'on n'a tant parlé de Nysten que depuis que ce nom est devenu un caillou pour lapider M. Littré.

M. Littré, avec l'assentiment de tout ce qui compte
dans la science, revoyait (1851) et annotait pertinem-
ment la traduction du *Manuel de Physiologie* de l'illustre
Mueller de Berlin, et y mettait une Préface philosophique où il assignait à la biologie ou physiologie sa
vraie place et son vrai rôle dans l'ordre des sciences.
Il ne faudrait pas séparer de cette préface le beau travail d'analyse intitulé : *De la Physiologie*, et dont le
livre même de Mueller est le sujet (*Revue des Deux
Mondes*, 15 avril 1846).

Traducteur depuis 1839 de la *Vie de Jésus*, de Strauss,
M. Littré en donnait en 1853 une deuxième édition,
augmentée d'une Préface capitale dans laquelle il expose
la loi des religions, comme il l'entend depuis qu'il est
passé, disait-il, de l'état sceptique à une doctrine plus
stable. En supprimant, comme font volontiers les modernes, et comme ils sont portés à le faire de plus en
plus, les anciens miracles et l'ordre surnaturel, il essaye
de substituer et d'inaugurer un autre idéal, celui de
l'Humanité ; et ce qui n'était chez lui d'abord qu'un
sentiment de justice et de reconnaissance individuelle
devenant un dogme social avec les années, il se range
à cette parole d'un maître : « L'Humanité est composée
de plus de morts que de vivants, et l'empire des morts
sur les vivants croît de siècle en siècle : sainte et tou-
chante influence qui se fait sentir de plus en plus
au cœur à mesure qu'elle subjugue l'esprit. » Grande
et haute pensée sans doute, à laquelle je ne ferai qu'une
objection : c'est qu'elle suppose une postérité de plus
en plus sérieuse et bien révérente pour le passé, et un

passé de plus en plus digne du respect de l'avenir.
Pour moi, dussé-je trahir en ce point ma légèreté et me
dénoncer d'une génération frivole, il me sera toujours
très-difficile, je l'avoue, de me contempler et de m'admirer si constamment dans la personne de l'Humanité.
Molière et tout ce qui le faisait rire m'est trop présent
pour cela. Pauvres hommes! je vous vois, il est vrai,
plus fiers et plus grandioses que jamais, mais c'est le
dehors qui a changé plus que le fond. Il y a, en un
mot, des moments où mes semblables, comme à Té-
rence, me sont bien chers; il y en a d'autres où ils me
semblent bien ridicules, bien injustes, bien plats : témoin ce qui s'est passé hier dans le sujet qui nous occupe. Or, combien de ces cas-Littré en grand et en
petit depuis le commencement! et il y en aura toujours.
Tout ce qui arrive a sans doute ses raisons d'être et
d'arriver, mais ces raisons ne sont pas nécessairement
les plus justes par rapport à nous ni les meilleures.

Je passe le plus vite que je puis, car chacune de ces
étapes de M. Littré demanderait toute une séance et un
examen. Je ferai pourtant remarquer encore, à propos
de cette traduction de Strauss, cette singularité que le
plus grand nombre des exemplaires ont été placés en
Allemagne. Ce livre allemand, traduit en français et ta-
misé à travers notre langue, à travers l'esprit exact et
ferme du traducteur, a paru, même au delà du Rhin,
plus clair que l'original. Voilà un hommage.

M. Littré est vraiment, à lui seul, toute une bibliothèque et une encyclopédie. En 1848, il traduisait
pour la Collection des auteurs latins, publiée sous la

direction de M. Nisard, Pline l'ancien : bonne traduction, bonne notice, point de vue juste, élevé, mais général, et d'où les mille difficultés de détail qui se rat-
tachent au livre ne sont pas abordées. C'eût été, en effet,
la mer à boire, tout un monde à remuer et à recon-
struire, que de s'engager dans l'examen critique de
cette vaste compilation d'un ancien si curieux de la
nature et de toutes choses, et il eût fallu y mettre quelque vingt-cinq ans. Le Pline monumental et qui rem-
placera celui du Père Hardouin reste à faire.

Un esprit exact, mais un peu étroit, un érudit resté
au point de vue strict du dix-huitième siècle, M. Eu-
sèbe Salverte, avait fait, sur les *Sciences occultes* et sur
la *Magie*, un livre rempli de faits curieux et d'explications hypothétiques. M. Littré, dans une Introduction de 60 pages placée en tête de la troisième édition (1856), rectifiait le point de vue, marquait les pas
de l'histoire, faisait la part des artifices et des habiletés
secrètes en usage dans l'Antiquité; mais aussi il resti-
tuait tout un ordre de phénomènes nerveux extraordi-
naires, se renouvelant isolément ou par épidémie, jouant
le miracle, ne relevant pourtant que de la médecine, et
qui même, n'étant pas expliqués encore, ne sauraient
réussir un seul instant à tromper l'œil de la philosophie, « amie de la régularité éternelle. »

En 1857, M. Littré mettait en ordre, annotait et pu-
bliait, de concert avec Paulin, les *OEuvres politiques et
littéraires* d'Armand Carrel. La Notice est parfaite, simple, grave et sentie; mais l'éditeur, astreint à des vo-
lontés particulières rigides, et les respectant avec scru-

pule, a fait entrer dans le recueil trop de matière, et sur des sujets dès longtemps éteints; il n'a pas tout mis, il aurait dû retrancher plus encore, couper, tailler, sacrifier sans merci dans l'intérêt du mort et pour dégager la statue.

Nous sommes dans une forêt de vaste savoir où bien des routes pratiquées en tous sens nous appellent; nous les indiquons du doigt sans y pénétrer, et nous arrivons peu à peu à notre objet principal. Dès 1844, par son association au comité de l'*Histoire littéraire de la France*, M. Littré fut amené à s'occuper avec suite des origines de notre langue; il passa décidément de l'antiquité grecque et latine à cette autre demi-antiquité si ingrate et si confuse d'apparence, à celle du Moyen-Age, et il y prit goût, il y prit pied au point de penser déjà à ce *Dictionnaire de la Langue* qu'il exécute aujourd'hui, qui s'élève chaque jour à vue d'œil, et qui devient le monument de la seconde moitié de sa carrière.

# IV

### LIAISON AVEC AUGUSTE COMTE : UNE CRISE INTELLECTUELLE.

Cependant un fait grave dans sa vie intellectuelle s'était passé en 1840, un fait auquel il accorde la valeur d'une initiation : il avait lu Auguste Comte, il l'avait connu en personne, et la parole, la doctrine du philo-

sophe l'avait, selon son expression, subjugué. Il n'a
cessé d'y adhérer depuis, nonobstant toutes les objections des choses et des hommes, au milieu de toutes les
épreuves intellectuelles et autres ; il n'a cessé d'y voir
une méthode applicable à tout et comme une clef ou
un outil qui, bien manié, est universel. Je me trouve
ici en présence d'un embarras réel qui tient, s'il m'est
permis de le dire, à la nature même de mon esprit : je n'ai
pas à donner un avis ferme et de fond. Selon moi, et si je
m'écoute, Auguste Comte ne serait qu'un des hommes
qui depuis Lessing, Turgot, Condorcet, Saint-Simon,
conçoivent le progrès de la société et celui de l'entendement humain selon une certaine ligne qu'on peut admettre dans sa généralité sans aller pourtant jusqu'à la
serrer de trop près dans le détail. Il y a lieu, en effet,
de la part des réalités de chaque jour, à trop d'exceptions et de démentis. Ces doctrines-là, quelles que soient
les formes anticipées qu'elles revêtent, ne sont après
tout que des manières de concevoir le possible et le
probable dans le lointain ; ce ne sont que des à-peu-près.
Mais telle n'était pas sa prétention à lui, M. Comte ; il
entendait bien avoir trouvé la formule précise de ce développement humain, tant dans le passé que dans le
présent et l'avenir. Ici, on se heurte, quand on s'attache
absolument à lui, à des singularités qui compromettent
les résultats généraux qu'on serait d'ailleurs assez disposé à accueillir. M. Littré ne s'est pas effrayé de ces
bizarreries chez celui qu'il appelle son maître, et il a
pensé que la partie neuve, originale et utile de la doctrine était plus que suffisante pour couvrir et racheter

le reste. Ces âmes vigoureuses, amies du vrai sans partage, trempées dans le Styx, non amollies par l'air du siècle, non brisées par le frottement, non usées par le monde, ont avec elles leur inconvénient; il faut payer la rançon, même des vertus. M. Littré, au lieu de faire comme tout autre, de profiter d'Auguste Comte là où il lui semble vrai, et en le citant comme on citerait Turgot, Kant ou Hegel, M. Littré a cru qu'il était lié, attaché à lui par une obligation plus forte, plus étroite, par une de ces obligations qui constituent la relation du disciple au maître; et, le croyant ainsi, il l'a déclaré, professé et maintenu en toute rencontre, au risque de compliquer sa vie et sa propre action à lui-même, au risque de se nuire dans l'opinion de quelques-uns. Il se réjouit peut-être tout bas d'avoir à souffrir quelque chose pour un juste méconnu et persécuté. Qu'est-ce qu'un sacrifice d'amour-propre auprès d'un devoir? Il se croit moralement lié envers cet esprit à qui il a dû ce qu'il y a de plus précieux et de plus inestimable pour un homme de pensée, une évolution intérieure. Les convictions, dans ces âmes si fermes, si ardentes sous leur apparente froideur, ne se comportent pas comme les simples opinions dans les âmes ordinaires et communes, ou distinguées, mais tièdes; elles ne flottent pas, elles mordent à fond; elles sont sujettes à une entière fixité et adhérence; une fois qu'elles prennent, elles ne cessent plus. C'est ici le cas. Le plus grand inconvénient que j'ai trouvé à cette adhésion fréquente et répétée de M. Littré à M. Comte, ç'a été, je l'avoue, un inconvénient littéraire : toutes ces idées générales qu'il déduit d'après le penseur solitaire et dont il lui fait honneur, me paraissent le plus souvent vraies ou plausibles, et mêmes grandes, quand il me les traduit et me les interprète; mais les citations textuelles, toutes les fois qu'il en introduit, répandent du sombre et du terne à travers ses pages.

Mon objection, on le voit, porte plutôt sur la forme et la mesure que sur le fond. Il est difficile, en effet, de contester à une intelligence aussi éclairée que celle de M. Littré le droit de régler elle-même le compte de ses obligations essentielles et de ses dettes contractées dans le secret de la méditation. Que si le système adopté par lui l'a conduit à forcer un peu dans l'application certaines lois dont le sens général est vrai, à mettre parfois trop d'ordre et de régularité dans l'étude qu'il a faite des éléments divers du passé, n'est-ce pas là une faute heureuse et préférable au défaut contraire, et n'est-il pas infiniment mieux d'avoir introduit un peu trop d'ordre dont on peut toujours rabattre, que d'avoir laissé subsister une confusion d'où l'on ne serait pas sorti?

Enfin, s'il est des disciples (et c'est le plus grand nombre) qui compromettent par leurs excès ou leurs faiblesses les maîtres qu'ils adoptent, il en est d'autres qui les garantissent au contraire par leur autorité et leur vertu, et qui répondent d'eux, en quelque sorte, auprès de ceux qui n'en sont pas les juges directs et immédiats. Tel est, à nos yeux, M. Littré, par rapport à Auguste Comte: il lui a rendu, dans une suite de publications dont la dernière et la plus complète sortira tôt ou tard, le même service, et plus grand encore, que celui que Dumont, de Genève, a rendu à Bentham : il l'expose ; il l'éclaircit, et l'on peut dire que, s'il en reçoit un peu d'ombre, il lui rend de la lumière. Ce qu'il perd, l'autre le gagne, et si Comte a mérité réellement un tel disciple, le sacrifice n'est pas de trop. L'interprétation, coûte que coûte, était nécessaire. Nous sommes très-longs en France, même dans ce qu'on appelle la région intellectuelle, à apprécier ce qui ne brille pas d'abord, et il n'y a que bien peu de temps que nous épelons Spinoza.

# V

### ÉTUDES SUR LA LANGUE FRANÇAISE, LES ORIGINES, L'ÉTYMOLOGIE, LA GRAMMAIRE, LES DIALECTES, ETC.

J'ai hâte d'en venir aux travaux sur la langue. Pour bien apprécier dans ce genre tout ce qu'on doit à M. Littré depuis une quinzaine d'années environ, il importe de se représenter l'état de la question, l'état de la science au moment où il y intervint.

L'idée d'étudier le vieux français, de remonter au delà d'Amyot, de Montaigne et de Rabelais, ne vint que tard ; le grand siècle se suffisait à lui-même ; les grands écrivains des règnes de Louis XIV et de Louis XV se trouvaient trop bien chez eux, surtout en fait de langage, pour sentir le besoin d'en sortir. Ce n'est guère

que vers le milieu du dix-huitième siècle qu'un érudit
dé médiocre valeur, un homme de plus de zèle que de
génie, La Curne de Sainte-Palaye se mit résolûment à
lire ces vieux textes français manuscrits, à les dépouil-
ler et à en dresser un Glossaire qui se consulte encore.
On avait à peine essayé ce déchiffrement avant lui[1]. Il
existait une scission profonde entre les érudits qui s'oc-
cupaient de l'Antiquité et ceux qui commençaient à se
soucier du Moyen-Age, et les premiers professaient un
superbe dédain pour les seconds : il semblait que les
uns possédassent seuls les trésors et les temples ; les
autres n'inventoriaient que de vieux papiers. Le président de Brosses, l'ami de Sainte-Palaye, qui s'occupait
de la formation *mécanique* des langues, en négligeait tellement la formation *historique*, qu'il écrivait ces étranges
paroles : « Assurément le français de Molière est plus
éloigné de celui de Villehardouin qu'il ne l'est de Gol-
doni. »

Les érudits gaulois, de jour en jour plus nombreux,
qui se prenaient d'un beau zèle pour nos vieux titres et
notre vieille littérature, ne faisaient rien cependant pour
réfuter ce dédain des érudits classiques ; ils accumu-
laient les textes ou les extraits ; mais quand ils donnaient
les textes, comme Barbazan et Méon, ils les transcri-
vaient et les imprimaient avec une véritable incurie qui
se trahissait à toutes les pages : il semblait que c'était

---

1. J'ai écrit moi-même, sur ce sujet des études relatives à notre
vieille langue, un travail spécial qui a été inséré dans la *Revue contemporaine* du 30 novembre 1858 ; je ne puis entrer ici dans le même
détail, et je dois courir rapidement.

chose sous-entendue et convenue d'avance qu'on n'avait
à faire ici qu'à des patois informes où les règles n'exis-
taient pas, et où il fallait deviner les choses spirituelles
à travers un fatras de mots qui pouvaient se prendre les
uns pour les autres presque indifféremment. Raynouard,
de nos jours, fut le premier qui signala une règle, quelques règles grammaticales dans notre vieil idiome, et
qui donna à penser que les bons auteurs de ce vieux
temps, ceux des douzième et treizième siècles, n'écri-
vaient pas tout à fait au hasard. Les règles qu'il indiqua
et que je ne puis ici expliquer avec détail, étaient un
vestige des cas de la déclinaison latine et constituaient
une sorte d'étape ou de station intermédiaire entre l'ancienne langue classique et le français moderne. Ce service rendu par Raynouard quand il fit remarquer cette
particularité caractéristique, fut plus grand que lui-
même ne le soupçonna.

On continua, depuis lui, à fouiller notre Moyen-Age,
à l'exhumer sur tous les points, à publier sans relâche
des textes : chacun sait les obligations qu'on a à
M. Paulin Paris, à M. Francisque Michel et à tant
d'autres laborieux émules; l'École des Chartes fut une
pépinière féconde. Cependant Fauriel, M. Ampère,
M. Gustave Fallot enlevé trop tôt, plus tard M. de Che-
vallet enlevé de même, essayaient d'apporter quelque
ordre dans l'idée qu'on devait se faire des origines et de
la formation de notre langue et des langues modernes.
A l'étranger, des philologues distingués, M. d'Orell, de
Zurich; M. Diez, de Bonn; M. Fuchs, M. Burguy (un
Français de Berlin), s'appliquèrent à ces mêmes ques-

tions et à débrouiller le problème des origines. Ces travaux si voisins, et qui nous intéressaient de si près, étaient généralement inconnus parmi nous ; chacun suivait sa voie de routine sans profiter des efforts d'autrui et sans être informé des résultats obtenus ailleurs. M. Édélestand du Méril, seul en France, était parfaitement au courant ; mais il l'était au point de paraître un homme d'Outre-Rhin lui-même. C'est alors que M. Littré intervint, et du moment qu'il eut l'œil sur ces matières, il les démêla, il les traita de manière à les éclaircir pour tous.

Il se rendit compte d'abord avec une parfaite exactitude de tous les systèmes des philologues allemands ; il les exposa dans notre *Journal des Savants* avec analyse et discussion, dans une suite d'articles aujourd'hui recueillis, et dont quelques-uns en leur genre sont admirables. Le pont désormais était jeté et établi. Il profitait en même temps de chaque système, et il le perfectionnait en l'important ; il corrigeait l'un par l'autre. Il faisait la part des observations et des hypothèses. Comment avait-on cessé, à un certain moment, de parler l'ancien latin dans les pays de domination romaine et dans la Gaule en particulier ? Comment le bas latin, le latin des paysans et du peuple, de plus en plus mal parlé et estropié, mélangé et trituré avec d'anciens idiomes locaux préexistants ou des jargons d'invasion nouvelle, était-il devenu peu à peu, ici le français, là l'espagnol ou le catalan, là l'italien ? Comment de ce mélange si confus, de ce broiement en tous sens, de cet amalgame d'apparence si incohérente, était-il sorti en ces divers lieux, et avec des différences tranchées, des produits congénères pourtant et marqués de certains traits de commune ressemblance? Quelle était la part des accidents, quelle était l'action intime, sourde et fondamentale, de certaines lois? Tout avait-il été perte dans cette transformation? n'y avait-il pas eu aussi du profit et du gain, du moins en perspective, pour l'action plus libre de la pensée et le procédé de plus en plus analytique de l'esprit? Je pose en termes bien vagues tous ces problèmes que M. Littré précise, serre de près, et qu'il s'est accoutumé à traiter comme ferait un chimiste pour des combinaisons délicates de substances.

Un fait piquant et très-essentiel, dont M. Diez avait fort tiré parti et signalé déjà l'importance, est devenu aux mains de M. Littré un instrument presque infaillible pour la plupart des cas d'étymologie : c'est la loi de l'*accent*. Les Latins ne prononçaient pas toutes les syllabes d'un mot; les peuples du Midi chantent et ne parlent pas. Un mot latin n'était donc pas prononcé comme il est écrit. Or, quand vint la décadence, quand on ne sut plus ni lire ni écrire, il en résulta que les mots ne purent se conserver et se transmettre dans leur entier; ils se brisèrent, ils se contractèrent et se *croquèrent* en quelque sorte; et il ne subsista de solide que la syllabe qui s'accentuait et qui fut comme la pointe de rocher de chaque mot; c'est à cette pointe seule qu'on se raccrochait comme on pouvait : le reste des syllabes s'en alla à vau-l'eau comme une terre molle dans une inondation. Ce fait essentiel, bien compris et bien appliqué,

devient une clef pour l'étymologie et sert de fil conduc-
teur ou de sauvetage dans le naufrage des mots de l'ancien latin, au moment où ils passèrent au *roman* ou
vieux français. Je ne puis ici qu'indiquer bien légèrement ces choses.

Elles sont résumées par M. Littré dans les *Introduc-
tions* qui précèdent son *Dictionnaire* et ses *Études* sur la
langue. C'est en lisant ces morceaux de forte et savante
structure et dont rien ne donnait l'idée avant lui, qu'on
aperçoit aisément, pour peu qu'on soit au fait de ces
questions, quel pas M. Littré leur a fait faire, et combien il est vrai de dire qu'il a *organisé* véritablement
chez nous cette étude du français à tous les âges.

# VI

### OBJECTIONS SUR LE SYSTÈME : RÉPONSE.

On me dira qu'il l'a trop organisée, que les choses ne
se sont point passées en fait avec une telle régularité ;
que, par exemple, cette distinction de deux cas conservés dans la langue des douzième et treizième siècles n'é-
tait pas aussi universelle et aussi sensible qu'il le dit ;
que c'était plutôt une intention et un soupçon qu'une
règle adoptée et régnante ; que rattacher le progrès ou le
déclin de cette langue intermédiaire du siècle de Phi-
lippe-Auguste et de saint Louis à l'observance ou à l'oubli

d'un pareil détail, c'est mettre trop d'importance à une
curiosité, etc., etc. J'abrége ; mais on voit de quelle
nature est cet ordre d'objections que je ne prétends pas
dissimuler. En général, c'est ce qu'on peut opposer au
procédé que suit en tout sujet l'esprit de M. Littré, agis-
sant dans sa seconde forme. Il a son explication de l'histoire ; sa loi trouvée ; il applique ensuite sa formule à
des cas particuliers : elle est, en toute rencontre, un peu
rigide, cette formule, et arrange quelque peu les choses
après coup. On ne voit pas assez ce qui fuit et ce qui
s'échappe à travers les mailles du filet. Les choses purement littéraires, s'il les traite par ce procédé, peuvent
quelquefois souffrir d'être prises et serrées comme dans
un étau ; j'aimerais mieux, par moments, un ignorant
sagace ou un sceptique allant à l'aventure en chaque
étude, s'y éveillant chaque jour d'une vue matinale, re-
commençant et rafraîchissant chaque fois son expérience,
comme s'il n'avait pas de parti pris. A faire l'école buis-
sonnière, on rapporte certainement plus de fleurs.
Mais, cela dit, il ne reste pas moins incontestable qu'il
faut tôt ou tard, dans ce vaste arriéré humain qui s'amon-
celle, en venir à des lois, à des règlements du passé, à
des conceptions sommaires, fussent-elles un peu artifi-
cielles, à des méthodes qui ressemblent à ces machines
qui abrégent et résument un travail de plus en plus
interminable et infini. Il suffit que ces méthodes se jus-
tifient dans leur ensemble. Or, il est très-vrai, comme
le dit M. Littré, qu'il y a eu, dans cette transformation
confuse de l'ancien latin et dans son passage aux idiomes
romans modernes, des traits singuliers de ressemblance

jusque dans la diversité, de conformité jusque dans les
différences :

. . . . . . . . . . *Facies non omnibus una,*
*Nec diversa tamen; qualem decet esse sororum.*

Il est très-vrai que, dans cette dissolution de l'antique
latinité et lors de la rénovation qui s'en est suivie, tout
semble s'être passé, dans les contrées gauloise, espagnole, italienne, comme si l'immixtion germanique
n'avait guère été qu'une perturbation accidentelle et
superficielle. Il est très-vrai, d'autre part, que le Moyen-
Age tel que M. Littré le comprend, et quand même il
inspirerait peu de goût, a été un rude et courageux
effort ; que le nœud qu'y a contracté l'esprit humain n'a
pas été une nouure ni une servitude irrémédiable ; que
« dans l'histoire déjà si longue et toujours enchaînée que
l'on parcourt depuis la civilisation grecque jusqu'à la
nôtre, à toutes les époques favorables ou inclémentes (et
celle du Moyen-Age a été assurément inclémente), la
vertu qui tendait à réparer, à tirer de l'existence anté-
rieure une existence plus développée, s'est exercée avec
pleine vigueur ; » qu'en ce sens le Moyen-Age n'a été
qu'un stage plus dur pour l'esprit humain ; qu'au sortir
de là et à l'époque du quinzième siècle et de la Renais-
sance, le monde est entré, par le fait même de la réaction
et de la lutte, dans un cercle plus large et plus étendu
que s'il avait continué mollement de vieillir sans com-
plication et sans accident sous une suite pieuse d'éternels
Antonins. Il y a une belle remarque d'Hippocrate dans
son Traité *des Airs, des Eaux et des Lieux* : « Ce sont,

dit-il, les changements du tout au tout qui, éveillant l'intelligence humaine, la tirent de l'immobilité. » Ces points principaux admis, et sauf les réserves déjà faites, on ne peut qu'admirer la nouveauté, la sagacité, la fermeté ingénieuse et fine que M. Littré apporte dans sa manière de traiter chaque question particulière.

# VII

## DICTIONNAIRE DE LA LANGUE FRANÇAISE.

Le *Dictionnaire* de M. Littré mériterait un examen à part et approfondi ; il y aurait (et je le ferai peut-être quelque jour) à le comparer de près aux deux Dictionnaires de l'Académie française qu'à lui seul il unit et représente. Je dis les deux Dictionnaires ; car l'Académie a le Dictionnaire *de l'usage* qui comprend les termes et acceptions légitimes qui ont cours et vogue depuis deux siècles et de nos jours ; elle a, de plus, commencé un Dictionnaire tout *historique,* qui va rechercher les termes et mots de la langue aussi loin qu'il se peut dans le passé et en les suivant par une série d'exemples ininterrompus dans toute leur vie et leurs vicissitudes. La dernière édition du Dictionnaire *de l'usage* est de 1835, et il serait grand temps de le revoir et d'y retoucher ; car, selon la remarque de M. Littré, le néologisme marche toujours ; et il y a, tous les quarts de

siècle ou les demi-siècles, de petits *raccords* à faire dans
la langue comme dans toute institution mobile qui dépend de l'état de la société. Il tombe chaque jour quelques feuilles des rameaux du tronc vénérable, il en repousse d'autres; mais, quoi qu'en ait dit Horace, celles
qui sont tombées une fois ne reverdissent plus. Quant
au Dictionnaire *historique* de l'Académie, il n'est encore
connu du public que par un premier fascicule qui a été
bien accueilli, mais qui n'a guère été pris qu'à titre de
gage et d'arrhes. A la manière dont il est conçu et dont
il s'exécute, il est sensible que l'agrément des exemples
entraîne quelquefois le rédacteur à des promenades plus
ou moins longues selon la nature des sujets : on est
quelquefois, à la lettre, dans un parterre d'exemples, et
les divisions, les bordures se multiplient, selon que la
récolte de ces citations se trouve plus ou moins heureuse
et abondante. On obéit au nombre des exemples plus
que les exemples ne nous obéissent. M. Littré qui n'a
pas devant lui, comme l'Académie, le temps et l'espace,
— qui n'a pas l'éternité, — s'est formé un plan très-
exact, complexe, mais limité, où tout se presse et se con-
dense, et où il ne se permet aucun écart, aucun excès de
latitude. Il donne d'abord la prononciation, la spécifi-
cation grammaticale du mot, puis ses *sens actuels*, appuyés et prouvés par des exemples d'auteurs classiques
ou modernes, par des phrases courtes dont aucune ne
fait double emploi. Ce n'est qu'après avoir épuisé ces
sens et acceptions de l'usage présent qu'il passe à l'*historique* du mot depuis les onzième ou douzième siècles
jusqu'au seizième, et là il procède également par une

série d'exemples incontestables et triés, ne mettant que
le nécessaire; ce n'est pas lui qui ferait un pas de plus
pour aller cueillir la fleurette. Il termine enfin par l'*étymologie*, partie dans laquelle il excelle, où il a sa méthode à lui, sa pierre de touche, et où il ne tâtonne pas
comme on le faisait auparavant. Il est, par ce dernier
point, incomparablement supérieur à l'Académie, qui
aura désormais à profiter de son travail, sinon de sa
méthode. L'Académie, historiquement, a bien plus
d'exemples ; elle est en cela plus riche, et d'une richesse
plus amusée : M. Littré l'emporte par la précision et le
topique de ses choix. On sent qu'une seule et même main
(comme pour le grand Dictionnaire de Johnson) a choisi
les épis et noué le faisceau. Ce faisceau chez lui est un
peu dense et compacte à la vue, tandis qu'il paraît du
lâché dans le Dictionnaire *historique* de l'Académie. Il
ne se peut de procédé plus dissemblable : concision d'une
part, diffusion de l'autre. Qu'on lise, pour s'édifier, les
deux Préfaces mises en tête des deux Dictionnaires ! Dans
l'une, celle de M. Littré, tout est réglé, prévu, pondéré
et sentencieux ; on marche de loi en loi, on est dans la
philosophie historique du langage. Et quant à la forme
c'est du granit et du ciment. Dans l'autre, — je ne
parle pas de l'ancienne Préface mise en tête du Dictionnaire de 1835 et due à la plume du secrétaire perpétuel,
préface élégante et frêle, — mais dans celle du Dictionnaire *historique*, qui date de cinq ans à peine, que fait-
on ? on part d'Horace, le point de départ invariable,
l'alpha et l'oméga des gens de goût; on commence et on
finit par lui, et, dans l'intervalle, on a fait une revue et

une tournée instructive en compagnie d'un rédacteur
spirituel et poli, s'exprimant dans une prose facile, *en-*
*core qu'un peu traînante :* on n'est pas sorti d'un empi-
risme délicat. On ne croirait point vraiment qu'il s'agisse
du même sujet et du même thème.

C'est qu'en effet les choses et l'œuvre sont envisagées
et conçues tout différemment. Oh! si je ne me retenais,
qu'il y aurait une jolie comparaison à faire de M. Patin ,
le rédacteur du Dictionnaire de l'Académie, et de
M. Littré; une opposition de leurs deux esprits, de leurs
qualités et de leur trempe ! Ne voyez-vous pas d'ici le
parallèle et l'antithèse ? M. Patin, homme de goût, avec
toutes les délicatesses , mais avec toutes les mollesses
aussi et les faiblesses ou les négligences que ce mot comporte ou suppose ; M. Littré , homme de science , de
méthode, de comparaison, de raison, de vigueur, et
même de rigueur; le premier d'un tempérament doux ,
de bonne heure pétri de la pulpe de l'antiquité; le second
nourri du pain des forts en tout genre, du suc généreux
des doctrines , tout ressort et tout nerf. J'avais fait un
beau rêve, moi et quelques amis. Au lieu d'opposer l'un
à l'autre, au lieu d'instituer entre les auteurs ou les
œuvres un parallèle et un contraste désormais inévitable, et dont le public sera un juge peu indulgent,
j'aurais voulu réunir et fondre, combiner les avantages
sans les défauts. Les Dictionnaires étant réellement différents et le grand Dictionnaire *historique* de l'Académie
commençant à peine, je m'étais dit, et plusieurs autres
avec moi, que l'Académie et M. Littré pouvaient très-
bien, et sans aucunement s'entraver, se rendre utiles

                                                      4

et profitables l'un à l'autre. Ce qui domine en effet à l'Académie et qu'on appelle du nom flottant de *goût*, ce qui se produit parfois et jaillit à l'improviste dans des conversations d'un hasard et d'un laisser-aller aimable, pouvait ne pas être inutile à l'esprit sévère, mais un peu absolu, de M. Littré. Et surtout l'esprit d'un nouveau confrère, rigoureux, exact, et plus savant (sans mentir), plus sûr de son fait en ces matières que nous ne le sommes généralement, eût pu nous être d'un usage et d'un recours journalier. Hélas! il était écrit que ce ne serait là qu'un rêve, et que jamais aucun auteur, — j'entends un auteur sérieux, — de Dictionnaire ne ferait partie de l'Académie française. Elle a autrefois chassé Furetière pour avoir osé entreprendre une telle rivalité; elle n'a pas voulu du savant Ménage qui était également coupable du même délit. Elle vient de repousser M. Littré. Cela fait dire aux malins du dehors qu'on n'est pas insensible, même en un lieu composé de si honnêtes gens, à une certaine jalousie de métier. J'aurais voulu, moi et quelques autres, conjurer ce mauvais bruit. Mais qu'y faire? la question d'athéisme est venue là très à propos (*Deus ex machinâ*) pour tout déranger, pour mettre à la gêne — ou à l'aise — les consciences. Chut! il n'y a rien de plus respectable que la conscience.

# VIII

VIE ET RÉGIME. — JUGEMENTS ET TÉMOIGNAGES.

Le Dictionnaire de M. Littré marche rapidement ; les livraisons se succèdent : on peut dire dès aujourd'hui que le livre est fait ; du moins la mise au net est faite jusqu'à la lettre P, et elle sera terminée pour le tout à la fin de 1865. Dans quatre ou cinq ans au plus, le public possédera l'ouvrage tout entier. Avec un tel travailleur, on est sûr d'être plutôt en avance sur les promesses qu'en retard.

Un si vaste travail, qui n'en exclut pas d'autres encore, accessoires et à la traverse, ne se mène point, on peut le penser, sans une austérité de régime et une régularité invariable et comme monastique.

C'est de nuit que travaille habituellement M. Littré. Sa journée est occupée par les recherches, les devoirs académiques, les œuvres de charité médicale quand il est à la campagne. Vers six heures et demie du soir, après un frugal repas, il se met à l'ouvrage, et depuis plusieurs années, notamment depuis 1859, il ne s'est jamais couché avant trois heures du matin.

L'été il habite la campagne, Mesnil-le-Roi près Maisons-Laffitte ; il y occupe une petite maison des plus modestes, acquise de ses deniers. Ne dites point que c'est la maison d'Horace, mais tout simplement celle du savant le plus étranger aux besoins et le plus aisément content de peu. C'est là qu'il faut le voir pour apprécier en lui le médecin des pauvres; il est vraiment la providence des gens de campagne, le bienfaiteur du pays à la ronde. Comme il n'est pas docteur, dès qu'il se rencontre un cas grave, il ne décide rien sans appeler un homme de l'art ayant diplôme. Sa modestie y trouve son compte, et, moyennant cette déférence, son humanité peut se donner pleine carrière.

Chaque année il s'accorde un mois, un seul mois de vacances, qu'il va passer avec sa famille au bord de la mer. Une personne de haut esprit et de grand cœur qui a eu occasion de vivre près de lui dans une de ces courtes vacances d'été, m'écrit : « Ne négligez pas de dire combien il est bon, simple, charitable. L'an passé, je l'ai vu à Saint-Quay, en Bretagne, établi avec sa femme et sa fille chez des religieuses; soignant les pauvres en qualité de médecin et quêtant pour les plus en détresse : sa femme et sa fille, très-catholiques, allaient à la messe; lui, point; mais il charmait les sœurs et les laissait très-perplexes sur ce qu'il fallait penser de son âme. »

On voit à quel point M. Littré est médecin par la vocation, le dévouement, la science, et j'ajouterai, la méthode en tout : c'est un physiologiste et un *organicien* en toute étude; être médecin est son vrai caractère scientifique.

Le plus convaincu et le moins empressé des hommes, loin de prétendre imposer son opinion, il ne l'expose même pas et n'en dit mot, à moins qu'on ne la lui demande ; mais alors rien au monde ne l'empêchera de vous la dire entière et sincère.

A Paris, il loge depuis des années rue de l'Ouest. Il a mené tous ses grands travaux dans le plus humble et le plus étroit logis, ne s'isolant même pas de sa famille, attentif à suivre son idée et sa composition, tandis que la causerie du soir se fait à voix basse tout à côté. Il prétend toutefois n'avoir pas le travail facile, et il ne se reconnaît un peu d'aptitude spéciale que pour les langues. Sa facilité, quoi qu'il en dise, est grande. Ses meilleurs morceaux sont ceux qu'il a écrits tout d'une teneur. On me raconte qu'entre les nombreux articles par lesquels il contribua au *Dictionnaire de médecine* en trente volumes, l'article *Cœur* fut dicté par lui à un collaborateur en une seule séance de nuit. Il a de ces tours de force de travail.

L'avénement de la République surprit M. Littré en 1848, mais changea bien peu à sa vie. Ses collaborateurs du *National* prirent beaucoup alors pour eux et lui offrirent également sa part du pouvoir ; il refusa tout, excepté d'être du Conseil municipal et de la Commission des récompenses nationales ; fonctions gratuites. La rédaction du *National* étant très-absente et dispersée, il fit alors le journal presque seul, ou du moins il y fit le service plus exactement que jamais, comme un soldat fidèle au poste. Telle fut sa curée à lui.

Il a, par nature autant que par principes, le goût de tout refuser et de n'être rien. En 1840, M. Cousin, ministre de l'Instruction publique, le fit presser par M. Barthélemy Saint-Hilaire d'accepter une chaire d'Histoire de la médecine qu'il avait dessein de fonder en sa faveur à la Faculté même de médecine. M. Littré commença par donner le change et par mettre en avant M. Dezeimeris. Mais c'était lui qu'on voulait, et pas un autre. Il refusa.

Trop pressé, dans l'un de ces cas d'honorable sollicitation, par sa mère qu'on avait gagnée, il lui dit pour dernière raison : « Si mon père vivait, me conseillerait-il d'accepter ? — Non. — Eh bien ! la chose est jugée. »

Pressé encore, sous la République, d'accepter je ne sais quelle fonction, et comme, sur un premier refus, on lui recommandait d'y réfléchir : « Oui, j'y réfléchirai, dit-il, et assez longuement pour donner à la monarchie le temps de revenir. »

Si la République avait été possible en France; si, à la fin du dernier siècle surtout, l'ordre de choses de l'an III avait pu se consolider et subsister; si le Directoire n'avait pas été le Directoire, c'est-à-dire un régime de corruption, de réaction en tous sens et d'intrigue, c'eût été à la condition d'avoir et de former beaucoup de citoyens comme M. Littré et sur ce modèle : aucune ambition, aucune gloriole, aucun luxe, aucun besoin factice ou sensuel; le brouet des Spartiates lui suffit.

Dans ce dix-neuvième siècle, qui sera réputé en grande partie le siècle du charlatanisme littéraire, humanitaire, éclectique, néocatholique et autre, et où c'est généralement à qui fera le plus valoir sa marchandise, ces sortes d'hommes originaux et singuliers sont une exception criante : ils sont tout le contraire du charlatan. Ils enterrent tant qu'ils peuvent leur mérite, et quand, à la fin, par la force des choses, il sort de terre, ils n'y mettent aucune enseigne et jamais une lanterne, ni un bec de gaz à côté, ni le moindre transparent.

Il est si réellement et si sincèrement modeste, que je ne suis pas bien sûr, dans ce travail que j'ai entrepris sur lui et que j'aurais pu faire plus développé encore, de ne l'avoir pas plus effarouché que flatté, et de n'avoir pas même froissé en lui quelque fibre secrète en touchant à tant de choses intimes. Mais si quelqu'un ne dit pas le bien sur son compte, ce n'est certes pas lui qui le dira.

N'allez pas cependant le faire plus sauvage et plus ré-barbatif qu'il ne l'est, car il ne l'est pas du tout. Il a une nuance d'amabilité, et même de la gaieté à ses heures. Jeune, dans les réunions médicales, il était, me dit-on, un boute-en-train, et il chantait volontiers au dessert des couplets de sa composition. Une de ses chansons de 1828, dont l'écho m'arrive, débutait ainsi :

> Hippocrate a dit qu'on s'enivre
> Pour le moins une fois par mois,
> Et ses fils qui devraient le suivre
> Ne boivent par an qu'une fois, etc.

Son visage creusé et sombre, son air noirâtre, qui, de profil, me rappelle parfois celui de Lamennais, n'est nullement désagréable quand il s'anime et qu'il y passe un rayon.

Il excite des affections respectueuses, des amitiés en-thousiastes et fidèles; il y a comme de la vénération mêlée dans les sentiments qu'il inspire. Ce que j'ai reçu de témoignages en sa faveur depuis huit jours, de la part de médecins distingués et d'hommes de science que j'avais à peine l'honneur de connaître, me prouve combien ses confrères de l'Académie de médecine sont heureux et fiers de le posséder. D'autre part, un de ses amis tout littéraires, M. Géruzez, m'écrit :

« Ouvrez à son intention votre *Pline le jeune*, et voyez au livre I<sup>er</sup> la lettre à Catilius Severus ; vous y trouverez le portrait de notre ami sous le nom de Titus Ariston. Tout y est.... »

J'obéis au conseil, et je lis en effet, au sujet de cet ami de Pline, dont les mœurs égalaient le savoir, ce bel éloge dont je fais mon profit :

« Rien de plus respectable que lui, de plus pur et de plus saint, rien de plus docte, au point que les Lettres elles-mêmes et toutes les bonnes études me paraissent en danger avec la vie d'un seul homme (Ariston était alors malade).... Que de choses il sait ! que d'exemples ! quelle vaste portion d'Antiquité ! Il n'est pas un point que vous désiriez savoir, sur lequel il ne puisse vous renseigner. Pour moi, à coup sûr, toutes les fois que je suis en quête de quelque chose de difficile, je m'adresse à lui ; il m'est un trésor.... Avec cela, quelle frugalité dans le régime ! quelle simplicité dans la mise ! Je ne puis voir sa chambre à coucher et son lit même, sans me représenter comme une image de la pauvreté antique. Et le tout est relevé d'une grandeur d'âme qui n'accorde rien à l'ostentation, mais qui rapporte tout à la conscience ; qui cherche la récompense du bien, non pas dans le bruit public, mais dans le sentiment du bien même.... »

Bel éloge, en effet, qu'il faut lire surtout dans ce charmant latin de Pline, et qui s'applique si parfaitement à M. Littré, hormis en un point toutefois; car il ne souffrirait jamais qu'on pensât de lui et qu'on dît, même par manière de métaphore, qu'il porte tout entières avec lui les Lettres et les sciences, et que leur sort dépend du sien : il croit fermement que tout marchera après lui de plus en plus et de mieux en mieux, et que le trésor s'accroîtra incessamment.

Il appartient enfin, pour le définir par un dernier mot, à cette élite, à cette école consciencieuse et méritante, toujours rare, mais insensiblement plus nombreuse, de naturalistes philosophes qui tendent à introduire et à faire prévaloir en tout les procédés et les résultats de la science, et qui, affranchis eux-mêmes, s'efforcent peu à peu, et plus peut-être qu'il n'est possible, d'affranchir l'humanité des illusions, des vagues disputes, des solutions vaines, des idoles et des puissances trompeuses.

SAINTE-BEUVE.

# AVIS DES ÉDITEURS.

Les lecteurs de l'intéressante Notice qui précède nous sauront gré certainement d'avoir pensé à reproduire ici et à mettre sous leurs yeux la Préface qui sert d'Introduction au *Dictionnaire de la Langue française*, cette œuvre gigantesque d'érudition et de critique littéraire. La Notice a fait connaître l'homme; la Préface fera connaître son œuvre.

---

# PRÉFACE.

Il y a cent soixante-dix ans que l'auteur anonyme de la préface du Dictionnaire de Furetière (Furetière était mort avant la publication de son livre) disait :

« Le public est assez convaincu qu'il n'y a point de livres qui rendent de plus grands services ni plus promptement ni à plus de gens que les dictionnaires ; et, si jamais on a pu s'apercevoir de cette favorable disposition du public par les fréquentes réimpressions ou par la multiplicité de cette sorte d'ouvrages, c'est surtout en ces dernières années ; car à peine pourroit-on compter tous les dictionnaires ou réimprimés ou composés depuis quinze ou vingt ans. Rien donc ne pourroit être plus superflu que d'entre-

« prendre ici la preuve si souvent donnée par d'autres de l'utilité
« de cette sorte de compilations. »

Rien n'a changé depuis lors ; les dictionnaires ont continué à se
faire et à se refaire, et le public a continué de les accueillir et d'en
user. Ajouter à ce genre de compositions une composition de plus
pour quelque amélioration que l'on imagine et que l'on exécute,
est donc chose ordinaire. Pourtant, comme un dictionnaire de la
langue française, même lorsqu'il porte le moins le caractère d'une
élaboration originale et le plus celui d'une compilation, est toujours une œuvre et bien longue et bien lourde, je ne me serais pas
décidé à me détourner de mes études habituelles et à consacrer
vingt années à une pareille entreprise, si je n'y avais été entraîné
par le plan que je conçus. C'est donc ce plan qu'il importe d'expo-
ser aux lecteurs ; car il renferme toute la cause, si je puis ainsi
parler, de ce dictionnaire. Un plan, quand il apparaît à l'esprit, le
séduit et le captive, il est tout lumière, ordre et nouveauté ; puis,
lorsque vient l'heure d'exécution et de travail, lorsqu'il faut ranger dans le cadre et dans les lignes régulières qu'il présente, la
masse brute et informe des matériaux amassés, alors commence
l'épreuve décisive. Rien de plus laborieux que le passage d'une
conception abstraite à une œuvre effective. Mais, quoi qu'il ad-
vienne de celle-ci, un plan qui a changé le point de vue habituel
et haussé le niveau a pu seul m'engager dans ce travail qui a là
son originalité principale.

Avant tout, et pour ramener à une idée mère ce qui va être expliqué dans la *Préface*, je dirai, définissant ce dictionnaire, qu'il
embrasse et combine l'usage présent de la langue et son usage
passé, afin de donner à l'usage présent toute la plénitude et la sûreté qu'il comporte.

La conception m'en fut suggérée par mes études sur la vieille
langue française ou langue d'oïl. Je fus si frappé des liens qui
unissent le français moderne au français ancien, j'aperçus tant
de cas où les sens et les locutions du jour ne s'expliquent que
par les sens et les locutions d'autrefois, tant d'exemples où la
forme des mots n'est pas intelligible sans les formes qui ont
précédé, qu'il me sembla que la doctrine et même l'usage de la
langue restent mal assis s'ils ne reposent sur leur base antique.

Le passé de la langue conduit immédiatement l'esprit vers son
avenir. Il n'est pas douteux que des changements surviennent et
surviendront progressivement, analogues à ceux qui, depuis

l'origine, ont modifié la langue d'un siècle à l'autre. Le style du dix-septième siècle, celui qui a été consacré par nos classiques, n'a pas pour cela été à l'abri des mutations, et la main du temps s'y est déjà tellement fait sentir, qu'à bien des égards il nous semble appartenir à une langue étrangère, mais avec cette particularité qui n'est pas sans charme, une langue étrangère dont nous comprenons les finesses, les élégances, les beautés. Le style du dix-huitième siècle, plus voisin de nous par le temps et par la forme, a innové sur l'âge précédent; le dix-neuvième siècle innove à son tour, et il n'est personne qui ne soit frappé, quand il se place au sein du dix-septième, de l'invasion du néologisme soit dans les mots, soit dans les significations, soit dans les tournures.

On conçoit pourquoi le néologisme naît à fur et à mesure de la durée d'une langue. Sans parler des altérations et des corruptions qui proviennent de la négligence des hommes et de la méconnaissance des vraies formes ou des vraies significations, il est impossible, on doit en convenir, qu'une langue parvenue à un point quelconque y demeure et s'y fixe. En effet l'état social change; des institutions s'en vont, d'autres viennent; les sciences font des découvertes; les peuples, se mêlant, mêlent leurs idiomes : de là l'inévitable création d'une foule de termes. D'autre part, tandis que le fond même se modifie, arrivant à la désuétude de certains mots par la désuétude de certaines choses, et gagnant de nouveaux mots pour satisfaire à des choses nouvelles, le sens esthétique, qui ne fait défaut à aucune génération d'âge en âge, sollicite, de son côté, l'esprit à des combinaisons qui n'aient pas encore été essayées. Les belles expressions, les tournures élégantes, les locutions marquées à fleur de coin, tout cela qui fut trouvé par nos devanciers s'use promptement, ou du moins ne peut pas être répété sans s'user rapidement et fatiguer celui qui redit et celui qui entend. *L'aurore aux doigts de rose* fut une image gracieuse que le riant esprit de la poésie primitive rencontra et que la Grèce accueillit; mais, hors de ces chants antiques, ce n'est plus qu'une banalité. Il faut donc, par une juste nécessité, que les poètes et les prosateurs innovent. Ceux qui, pour me servir du langage antique, sont aimés des cieux, jettent, dans le monde de la pensée et de l'art, des combinaisons qui ont leur fleur à leur tour, et qui demeurent comme les dignes échantillons d'une époque et de sa manière de sentir et de dire.

Le contre-poids de cette tendance est dans l'archaïsme. L'un est aussi nécessaire à une langue que l'autre. D'abord on remarquera que, dans la réalité, l'archaïsme a une domination aussi étendue que profonde, dont rien ne peut dégager une langue. On a beau se renfermer aussi étroitement qu'on voudra dans le présent, il n'en est pas moins certain que la masse des mots et des formes provient du passé, est perpétuée par la tradition et fait partie du domaine de l'histoire. Ce que chaque siècle produit en fait de néologisme est peu de chose à côté de ce trésor héréditaire. Le fonds du langage que nous parlons présentement appartient aux âges les plus reculés de notre existence nationale. Quand une langue, et c'est le cas de la langue française, a été écrite depuis au moins sept cents ans, son passé ne peut pas ne pas peser d'un grand poids sur son présent, qui en comparaison est si court. Cette influence réelle et considérable ne doit pas rester purement instinctive, et, par conséquent, capricieuse et fortuite. En examinant de près les changements qui se sont opérés depuis le dix-septième siècle et, pour ainsi dire, sous nos yeux, on remarque qu'il s'en faut qu'ils aient été toujours judicieux et heureux. On a condamné des formes, rejeté des mots, élagué au hasard sans aucun souci de l'archaïsme, dont la connaissance et le respect auraient pourtant épargné des erreurs et prévenu des dommages. L'archaïsme, sainement interprété, est une sanction et une garantie.

L'usage contemporain est le premier et principal objet d'un dictionnaire. C'est en effet pour apprendre comment aujourd'hui l'on parle et l'on écrit, qu'un dictionnaire est consulté par chacun. Il importe de constater cet usage aussi complétement qu'il est possible; mais cette constatation est œuvre délicate et difficile. Pour peu qu'à ce point de vue on considère les formes et les habitudes présentes, on aperçoit promptement bien des locutions qui se disent et ne s'écrivent pas; bien des locutions qui s'écrivent, mais qui sont ou dépourvues d'autorité ou fautives. C'est là le fond où le néologisme commence; c'est là qu'apparaît le mouvement intestin qui travaille une langue et fait que la fixité n'en est jamais définitive. Mais, au milieu de ce mouvement instinctif et spontané hors des limites anciennes, il est à propos que la critique essaye un triage, distinguant ce qui est bon, et prévoyant ce qui doit surnager et durer.

Ainsi toute langue vivante, et surtout toute langue appartenant à un grand peuple et à un grand développement de civilisation, présente trois termes : un usage contemporain qui est le propre de chaque période successive ; un archaïsme qui a été lui-même autrefois usage contemporain, et qui contient l'explication et la clef des choses subséquentes ; et, finalement, un néologisme qui, mal conduit, altère, bien conduit, développe la langue, et qui, lui aussi, sera un jour de l'archaïsme et que l'on consultera comme histoire et phase du langage.

Chez nous, l'usage contemporain, pris dans un sens étendu, enferme le temps qui s'est écoulé depuis l'origine de la période classique jusqu'à nos jours ; c'est-à-dire que , commençant à Malherbe, il compte aujourd'hui plus de deux cents ans de durée. Cet intervalle est rempli par une foule d'écrivains de tout genre, dont les uns font autorité et dont les autres, sans jouir de la même renommée et du même crédit, méritent pourtant d'être consultés. Cela forme un vaste ensemble dans lequel les plus anciens touchent à l'archaïsme et les plus récents au néologisme. Dans le plan que je me suis fait d'un dictionnaire, les uns et les autres ne peuvent manquer d'entrer en ligne de compte et d'occuper une place très-importante. Leur présence, à l'aide d'exemples empruntés à leurs ouvrages, constate les emplois, autorise les locutions, agrandit les significations, et est l'appui le plus sûr de celui qui prétend associer la lexicographie à la critique.

Ainsi, selon la manière de voir qui m'a guidé, un dictionnaire doit être, ou, si l'on veut, ce dictionnaire est un enregistrement très-étendu des usages de la langue, enregistrement qui, avec le présent, embrasse le passé, partout où le passé jette quelque lumière sur le présent quant aux mots, à leurs significations, à leur emploi. Je me suis arrêté à ces limites et n'ai point inscrit les mots de la vieille langue tombés en désuétude ; c'est l'objet d'un autre travail, tout différent du mien, et qu'il importe de recommander vivement à l'érudition. Mais, même en de telles limites, l'enregistrement n'est pas complet, car il faudrait avoir tout lu la plume à la main, et je n'ai pas tout lu ; il faudrait n'être pas le premier dans ce travail, et je suis le premier qui en ait réuni et rapproché les matériaux, et surtout qui ait tenté de les faire servir d'une façon systématique et générale à l'étude de la langue.

Deux ouvrages seulement sont entrés simultanément avec le mien dans la voie où je suis entré : le Dictionnaire de M. Dochez et celui auquel travaille l'Académie française. M. Dochez, qui,

privé par une mort prématurée de la satisfaction souvent refusée
à un long labeur, n'a pas vu la publication de son livre, a, comme
moi, recueilli un choix d'exemples classiques et d'exemples antérieurs à l'âge classique; mais c'est le seul point où nous con-
courions. L'usage que nous faisons de ces deux catégories
d'exemples est tout à fait différent: il met les exemples classiques
à la suite les uns des autres, moi je les distribue suivant les
significations; quant aux exemples antérieurs, il n'en use ni
pour l'étymologie, ni pour la grammaire, ni pour la classification
des sens. Semblablement, je dirai, en parlant du dictionnaire
historique préparé par l'Académie française, que le plan qu'elle
suit et le mien ne se ressemblent aucunement. D'ailleurs l'illustre
compagnie n'a encore publié qu'un fascicule comprenant seulement les premiers mots de la lettre A. Ces tentatives montrent
qu'un dictionnaire qui fonde l'usage présent sur l'histoire de la
langue intéresse de plus en plus le public, mais qu'un travail ainsi
conçu restait à faire.

Un travail ainsi conçu se fait en ce moment même en Allemagne.
Deux célèbres érudits, les frères Grimm, associant en cela comme
presque toujours leurs travaux, ont entrepris de donner à leur pays
un dictionnaire historique de sa langue. Cette grande publication,
commencée depuis quelques années, se poursuit avec succès,
nonobstant le malheur qui vient de la frapper et de lui enlever
un des deux frères. Elle est une preuve de plus de ce désir
d'histoire qui occupe les esprits.

Mon dictionnaire, à moi, a pour éléments fondamentaux un choix
d'exemples empruntés à l'âge classique et aux temps qui l'ont précédé, l'étymologie des mots et la classification rigoureuse des significations d'après le passage de l'acception primitive aux acceptions
détournées et figurées. Si l'on considère l'ensemble et la con-
nexion de ces éléments, on reconnaît qu'ils donnent précisément
l'idée d'un dictionnaire qui, usant de la part d'histoire inhérente
à toute langue, montre quels sont les fondements et les conditions
de l'usage présent, et par là permet de le juger, de le rectifier,
de l'assurer.

Certaines personnes seront peut-être disposées à penser qu'un
dictionnaire où intervient l'histoire est principalement une œuvre
destinée à l'érudition. Il n'en est rien. L'érudition est ici, non
l'objet, mais l'instrument; et ce qu'elle apporte d'historique est
employé à compléter l'idée de l'usage, idée ordinairement trop

restreinte. L'usage n'est vraiment pas le coin étroit soit de temps, soit de circonscriptions, où d'ordinaire on le confine; à un tel usage, les démentis arrivent de tous côtés; car il lui manque d'avoir en soi sa raison. L'usage complet, au contraire, a justement sa raison en soi, et il la communique à tout le reste. C'est ainsi qu'un dictionnaire historique est le flambeau de l'usage, et ne passe par l'érudition que pour arriver au service de la langue.

Imposer à la langue des règles tirées de la raison générale et abstraite telle que chaque époque conçoit cette raison, conduit facilement à l'arbitraire. Un dictionnaire historique coupe court à cette disposition abusive. Comme il consigne les faits, il remplit, quant à la langue, le rôle que remplissent les observations positives et les expériences quant aux sciences naturelles. Ces faits ainsi donnés, l'analyse, j'allais dire la raison grammaticale, s'y subordonne, et, en s'y subordonnant, trouve les vraies lumières. Il faut en effet transporter le langage des sciences naturelles dans la science des mots, et dire que les matériaux qu'elle emploie sont les équivalents des faits expérimentaux, équivalents sans lesquels on ne peut procéder ni sûrement ni régulièrement. Puis intervient le rôle de la critique lexicographique et grammaticale, s'efforçant de tirer de ces faits toutes les informations qui y sont implicitement renfermées. De la sorte la raison générale se combine avec les faits particuliers, ce qui est le tout de la méthode scientifique.

Un dictionnaire ainsi fondé peut être défini un recueil d'observations positives et d'expériences disposé pour éclairer l'usage et la grammaire.

Telle est l'idée et le but de ce dictionnaire. Voici maintenant comment l'arrangement des différentes parties a été conçu. Cet arrangement n'est point indifférent, si l'on veut d'une part que le lecteur trouve la clarté par l'ordre, et d'autre part qu'il mette sans retard la main sur ce qu'il cherche. La disposition commune à tous les articles est la suivante : le mot; la prononciation; la conjugaison du verbe, si le verbe a quelque irrégularité; la définition et les divers sens classés et appuyés, autant que faire se peut, d'exemples empruntés aux auteurs des dix-septième, dix-huitième et dix-neuvième siècles; des remarques, quand il y a lieu, sur l'orthographe, sur la signification, sur la construction grammaticale, sur les fautes à éviter, etc.; la discussion des synonymes en certains cas; l'historique, c'est-à-dire la collection des exemples depuis les temps les plus anciens de la langue jusqu'au seizième siècle inclusivement, exemples non plus rangés suivant les sens, mais rangés suivant l'ordre chronologique ; enfin l'étymologie. Il ne sera pas inutile d'entrer en quelques détails sur chacune de ces subdivisions.

## I. NOMENCLATURE DES MOTS.

C'est en essayant de dresser le catalogue des mots que l'on reconnaît bien vite qu'une langue vivante est un domaine flottant qu'il est impossible de limiter avec précision. De tous les côtés on aperçoit des actions qui, soit qu'elles détruisent, soit qu'elles construisent, entament le langage traditionnel et le font varier.

Des mots tombent en désuétude ; mais, dans plus d'un cas, il est difficile de dire si tel mot doit définitivement être rayé de la langue vivante, et rangé parmi les termes vieillis dont l'usage est entièrement abandonné et qu'on ne comprend même plus. En effet, il faut bien se garder de ce jugement dédaigneux de l'oreille qui repousse tout d'abord un terme inaccoutumé et le rejette parmi les archaïsmes et, suivant l'expression méprisante de nos pères, parmi le langage gothique ou gaulois. Pour se guérir de ce dédain précipité, il faut se représenter que chacun de nous, même ceux dont la lecture est le plus étendue, ne possède jamais qu'une portion de la langue effective. Il suffit de changer de cercle, de province, de profession, quelquefois seulement de livre, pour rencontrer encore tout vivants des termes que l'on croyait enterrés depuis longtemps. Il n'en est pas moins vrai que la désuétude entame journellement la langue et qu'il y a là un terrain qu'on ne peut fixer avec sûreté. Ma tendance a toujours été d'augmenter la part d'actif de l'archaïsme, c'est-à-dire d'inscrire plus de mots au compte du présent qu'il ne lui en appartient peut-être réellement. Ce qui m'y a décidé, c'est d'abord cette incertitude qui existe en certaines circonstances sur le véritable état civil d'un mot : est-il mort ? est-il vivant ? En second lieu, c'est la possibilité qu'un terme vieilli effectivement n'en revienne pas moins à la jeunesse ; on rencontrera plus d'un exemple de ce genre de résurrection dans le dictionnaire ; plusieurs mots condamnés par l'usage ou par un purisme excessifs sont rentrés en grâce ; il n'est besoin ici que de rappeler *sollicitude*, que les puristes Philaminte et Bélise, dans *les Femmes savantes*, trouvent *puant étrangement son ancienneté,* et contre lequel nul n'a plus les préventions de ces dames. Enfin la qualité même et la valeur du mot m'ont engagé plus d'une fois à le noter, soit qu'il n'ait plus d'équivalent dans la langue moderne, soit qu'il complète quelque série; et je l'ai mis, non sans espérance que, peut-être, il trouvera emploi et faveur, et rentrera dans le trésor commun d'où il est à tort sorti. Pas plus en cela qu'en autre chose il ne faut gaspiller ses richesses, et une langue se gaspille qui, sans raison, perd des mots bien faits et de bon aloi.

Quand, en 1696, l'Académie française prit le rôle de lexicographe, elle constitua, à l'aide des dictionnaires préexistants et de ses propres recherches, le corps de la langue usuelle. Ce corps de la langue, elle l'a, comme cela devait être, reproduit dans ses éditions ultérieures, laissant tomber les mots que l'usage avait abandonnés et adoptant certains autres qui devaient à l'usage leur droit de bourgeoisie. On peut ajouter que, dans la dernière édition, qui date de 1835, elle a conservé certains mots plus vieux et plus inusités que d'autres qu'elle a rejetés. Quoi qu'il en soit, ce corps de langue a été rigoureusement conservé dans mon dictionnaire; il n'est aucun mot donné par l'Académie qui ne se trouve à son rang. Mais, comme la nomenclature a été notablement augmentée, comme il est toujours curieux de savoir si un mot appartient à la nomenclature de l'Académie, et qu'il est quelquefois utile d'en être informé quand on parle ou qu'on écrit, enfin comme cette notion est exigée par certaines personnes qui se font un scrupule d'employer un terme qui n'ait pas la consécration de ce corps littéraire, j'ai eu soin de noter par un signe particulier tous les mots qui sont étrangers au Dictionnaire de l'Académie.

Ces additions sont considérables et proviennent de diverses sources.

La première est fournie par le dépouillement des auteurs classiques. En effet, quand on les lit la plume à la main et dans une intention lexicographique, on ne tarde pas à recueillir un certain nombre de mots qui ne sont pas dans le Dictionnaire de l'Académie. De ces mots les uns sont archaïques, les autres sont encore de bon usage; mais, à mon point de vue, les uns et les autres doivent être admis. Ceux qui sont devenus archaïques veulent être inscrits, pour que, rencontrés, on puisse en trouver quelque part l'explication. Un dictionnaire qui dépasse les limites de la langue purement usuelle et contemporaine doit cette explication aux lecteurs qui en ont besoin, et cette inscription aux auteurs classiques eux-mêmes, à qui ce serait faire dommage de laisser perdre ces traces de leur pensée et de leur style. Quant aux termes que l'usage n'a pas abolis, ou auxquels leur forme ou leur sens permet sans peine de rentrer dans l'usage, ils appartiennent de plein droit à une nomenclature qui essaye d'être complète.

Une autre source de mots très-abondante serait fournie par les auteurs du seizième siècle, du quinzième, et même par les auteurs antérieurs, s'il était possible d'y puiser sans réserve. Mais ici la plus grande discrétion est commandée ; ce qui est tout à fait mort doit être abandonné. Cependant, dans ce riche amas de débris, il n'est pas interdit de choisir quelques épaves qui peuvent être remises dans la circulation, parce que les termes ainsi restitués ne choquent ni l'oreille ni l'analogie, et qu'ils se comprennent d'eux-mêmes.

L'Académie a donné dans son Dictionnaire un certain nombre de termes de métiers ; mais, depuis longtemps les lexicographes ont pensé qu'il fallait étendre davantage cette nomenclature. Furetière et Richelet ont effectivement dirigé leurs recherches de ce côté et fourni un complément notable. Depuis, ce complément s'est beaucoup agrandi, d'autant plus que l'industrie, s'incorporant davantage à la société, a rendu utile à tout le monde la connaissance d'un grand nombre de ces termes particuliers. A ce genre d'intérêt qui est le premier, la langue des métiers en ajoute un autre qui n'est pas sans prix : c'est qu'on y rencontre de temps en temps de vieilles formes, de vieux mots ou de vieux sens, qui, perdus partout ailleurs et conservés là, fournissent plus d'une fois des rapprochements explicatifs. Ici aussi la nomenclature n'est fixe que du côté du passé, elle est mobile et progressive du côté du présent et de l'avenir ; de nouveaux procédés se créent tous les jours et exigent concurremment de nouveaux termes et de nouvelles locutions.

La question des termes scientifiques est de même nature. La science, elle aussi, influe de toutes parts sur la société ; et dès lors les termes qu'elle emploie se rencontrent fréquemment dans la conversation et dans les livres ; de là la nécessité, pour un lexicographe, de les enregistrer et d'augmenter le fonds qui est déjà dans le Dictionnaire de l'Académie. Avant tout il faut remarquer que la langue scientifique diffère essentiellement de celle des métiers. En effet, tandis que la langue des métiers est toujours populaire, souvent archaïque, et tirée des entrailles mêmes de notre idiome, la langue scientifique est presque toute grecque, artificielle et systématique; là l'étymologie se présente d'elle-même. Ce qui est difficile, c'est de donner brièvement des explications claires de choses souvent compliquées. La langue scientifique, il est à peine besoin de l'ajouter, est dans une rénovation et une extension perpétuelles; car, chaque jour, les connaissances positives se modifient et s'amplifient. Puis le champ est immense et, pour ainsi dire, sans limite. Pour ne citer que la botanique et la zoologie, les espèces y sont, dans chacune, au nombre de bien plus de cent mille, toutes pourvues d'un nom spécifique. Enfin, dans cet amas de termes souvent changeants et qui plus d'une fois dépendent de principes et de systèmes différents, il y a bien des cas où un dictionnaire général ne peut faire comprendre en peu de mots tant de dépendances, encore moins tenir lieu de dictionnaire technique. En conséquence, il m'a semblé qu'il fallait faire un choix, prendre les termes qui ont chance de se rencontrer et d'être de quelque besoin à un homme cultivé, demeurer non en deçà mais au delà de cette mesure, et pour le reste s'en remettre aux dictionnaires spéciaux, qui seuls ici peuvent tout donner et tout faire comprendre.

Telles sont les idées qui ont réglé la nomenclature de ce dictionnaire.

## II. CLASSIFICATION DES SIGNIFICATIONS DES MOTS.

Au point de vue lexicographique, on peut nommer mot compliqué celui qui a beaucoup d'acceptions; or, dans un mot compliqué, il ne doit pas être indifférent de ranger les acceptions en tel ou tel ordre. Ce n'est point au hasard que s'engendrent, dans l'emploi d'un mot, des significations distinctes et quelquefois très-éloignées les unes des autres. Cette filiation est naturelle et, partant, assujettie à des conditions régulières, tant dans l'origine que dans la descendance. En effet, un mot que rien dans sa création primitive, d'ailleurs inconnue, ne permet de considérer comme quelque chose de fortuit, l'est encore moins dans des langues de formation secondaire telles que les langues romanes et, en particulier, le français; il est donné tout fait avec un sens primordial par le latin, par le germanique, par le celtique ou par toute autre source dont il émane. C'est là que gît la matière première des sens qui s'y produiront ; car, il suffit de le noter pour le faire comprendre, ceux de nos aïeux qui en ont fait usage les premiers, n'ont pu partir que de l'acception qui leur était transmise. Cela posé, les significations dérivées qui deviennent le fait et la création des générations successives, s'écartent sans doute du point de départ, mais ne s'en écartent que suivant des procédés qui, développant tantôt le sens propre, tantôt le sens métaphorique, n'ont rien d'arbitraire et de désordonné.

Ainsi la règle est partout au point de départ comme dans les dérivations, c'est cette règle qu'il importe de découvrir.

Le Dictionnaire de l'Académie n'entre point dans ce genre de recherches, ou, pour mieux dire, il obéit à une tout autre considération, qui, sans pouvoir être dite arbitraire, n'a pourtant aucun caractère d'un arrangement rationnel et méthodique. Cette considération est le sens le plus usuel du mot : l'Académie met toujours en premier rang la signification qui est la principale dans l'usage, c'est-à-dire celle avec laquelle le mot revient le plus souvent, soit dans le parler, soit dans les écrits. Quelques exemples montreront comment elle procède. Dans le verbe *avouer*, la première signification qu'elle inscrit est *confesser, reconnaître* ; mais sachant que *avouer* est formé de *vœu*, on comprend que tel ne peut pas être l'ordre des idées. Dans *commettre*, elle note d'abord le sens *faire* (commettre un crime); mais *commettre*, signifiant proprement *mettre avec*, ne peut être arrivé au sens de *faire* qu'après un circuit. Dans *débattre*, ce qu'elle consigne en tête de l'article est *contester, discuter* ; mais *débattre*, dans lequel est *battre*, ne reçoit le sens de contestation et de discussion qu'à la suite d'un sens propre et physique que l'Académie ne consigne qu'après le sens figuré.

Sans doute, en un dictionnaire qui ne donne ni l'étymologie ni l'historique des mots, ce procédé empirique a été le meilleur à suivre. Dans l'absence des documents nécessaires à la connaissance primitive des sens et à leur filiation, on échappait au danger de se méprendre et de méconnaître les acceptions fondamentales et les dérivées ; et, en plaçant de la sorte au premier rang ce que le lecteur est disposé à trouver le plus naturel comme étant le plus habituel, on lui donne une satisfaction superficielle, il est vrai, mais réelle pourtant. Toutefois cet avantage est acheté au prix d'inconvénients qui le dépassent de beaucoup. En effet, ce sens le plus usité, le premier qui se présente d'ordinaire à la pensée quand on prononce le mot, le premier aussi que l'Académie inscrit, est souvent, par cela même qu'il est habituel et courant dans le langage moderne, un sens fort éloigné de l'acception vraie et primitive ; il en résulte que, ce sens ayant été ainsi posé tout d'abord, il ne reste plus aucun moyen de déduire et de ranger les acceptions subséquentes. La première place est prise par un sens non pas fortuit sans doute, mais placé en tête fortuitement ; une raison étrangère à la lexicographie, c'est-à-dire une raison tirée uniquement d'un fait matériel, le plus ou le moins de fréquence de telle ou telle acception parmi toutes les acceptions réelles, a fixé les rangs ; les autres sens viennent comme ils peuvent et dans un ordre qui est nécessairement vicié par une primauté sans titre valable. N'oublions point que ce n'est pas un caractère permanent pour une signification, d'être la plus usuelle ; les exemples des mutations sont fréquents. Ranger d'après une condition qui n'a pour elle ni la logique ni la permanence, n'est pas classer.

Autre a dû être la méthode d'un dictionnaire qui consigne l'historique des mots et en recherche l'étymologie. Là, tous les éléments étant inscrits, on peut reconnaître la signification primordiale des mots. L'étymologie indique le sens originel dans la langue où le mot a été puisé ; l'historique indique comment dès les premiers temps de la langue française, ce mot a été entendu, et supplée, ce qui est souvent fort important, des intermédiaires de signification qui ont disparu. Avec cet ensemble de documents, il devenait praticable, et, j'ajouterai, indispensable de soumettre la classification à un arrangement rationnel, sans désormais rien laisser à ce fait tout accidentel de la prédominance de tel ou tel sens dans l'usage commun, et de disposer les significations diverses d'un même mot en une telle série que l'on comprît, en les suivant, par quels degrés et par quelles vues l'esprit avait passé de l'une à l'autre.

Afin que l'on conçoive nettement la méthode qui a dirigé la marche, je citerai trois exemples très-simples et très-courts. Prenons le substantif *croissant;* l'Académie le définit par son acception la plus usuelle : *la figure de la nouvelle lune jusqu'à son premier quartier.* Mais il est certain que *croissant* n'est pas autre chose que le participe présent du verbe *croître* pris substantivement. Comment donc a-t-on eu l'idée d'exprimer par ce participe une des figures de la lune? Le voici : il y a une acception peu usuelle, que même le Dictionnaire de l'Académie ne donne pas, qui se trouve pourtant dans certains auteurs, et qui est *l'accroissement de la lune;* par exemple, le cinquième jour du croissant de la lune. Voilà le sens primitif très-positivement rattaché au participe *croissant.* Puis, comme la lune, étant dans son croissant, a la forme circulaire échancrée qu'on lui connaît, cette forme à son tour a été dite *croissant.* De là enfin les instruments en forme de croissant de lune ; si bien qu'un *croissant,* instrument à tailler les arbres, se trouve de la façon la plus naturelle et la plus incontestable un dérivé du verbe *croître.*

Prenons encore le verbe *croupir.* L'Académie dit qu'il s'emploie en parlant *des liquides qui sont dans un état de repos et de corruption :* c'est là, en effet, un des sens les plus usuels. Mais *croupir* vient de *croupe;* comment concilier cette étymologie certaine avec cette signification non moins certaine ? Après le sens qui lui a semblé le plus usuel, l'Académie en ajoute un autre ainsi défini : *croupir se dit aussi des enfants au maillot et des personnes malades qu'on n'a pas soin de changer assez souvent de linge.* Ce sens aurait dû précéder l'autre où il s'agit de liquides. En effet, l'historique fournit une acception ancienne qui n'existe plus et qui explique tout. *Croupir* a eu le sens que nous donnons aujourd'hui à *accroupir.* La série des sens est donc : 1° s'accroupir ; 2° être comme accroupi dans l'ordure ; 3° par une métaphore très-hardie, être stagnant et corrompu en parlant des liquides. Dès lors la difficulté est levée entre *croupe* et *croupir,* entre l'étymologie et le sens ; tout paraît enchaîné, clair, satisfaisant.

Examinons enfin, de la même manière, un mot très-usuel, *merci,* que l'Académie définit par *miséricorde.* Il est certain que *merci* vient du latin *mercedem,* signifiant proprement *salaire,* puis *faveur, grâce.* Si l'on passe en revue les anciens textes, on voit qu'il n'en est pas un à l'interprétation duquel *grâce, faveur* ne suffise ; ainsi la dérivation de la signification latine est expliquée. La dérivation de la signification française s'explique en remarquant que le sens de *faveur,* de *grâce,* s'est particularisé en cette *faveur,* cette *grâce* qui épargne ; d'où l'on voit tout de suite en quoi *merci* diffère de *miséricorde,* qui renferme l'idée de *misère.* On disait jadis *la Dieu merci, la vostre merci,* et cela signifiait par la grâce de Dieu, par votre grâce ; de là le sens de *remerci-*

*ment* qu'a reçu *merci*. Mais comment, dans ce passage, est-il devenu masculin contre l'usage et l'étymologie ? Il y avait la locution très-usuelle *grand merci*, dans laquelle, suivant l'ancienne régle des adjectifs, *grand* était au féminin ; le seizième siècle se méprit, il regarda *grand* comme masculin, ce qui fit croire que *merci* l'était aussi.

C'est là ce que j'appelle donner l'explication d'un mot : on comble par les intermédiaires que fournissent les différents âges de la langue les lacunes de signification, et l'on montre comment les mots tiennent à leur étymologie par des déductions délicates, mais certaines.

Le classement des sens, quand ils sont nombreux et divers, est un travail épineux. Parfois on a de la peine à déterminer exactement quelle est l'acception primordiale. Mais, le plus souvent, la difficulté gît dans l'enchaînement, qu'il s'agit de trouver, des dérivations. L'esprit vivant et organisateur qui préside toujours à une langue est, on peut le dire, aussi visible dans ces transformations qu'il l'est dans la création des racines, des mots et des significations primitives. Quand on examine cette élaboration d'un mot par la langue, élaboration qui, partant de tel sens, arrive à tel autre souvent très-éloigné, on est frappé des intuitions vraies, profondes, délicates, plaisantes, métaphoriques, poétiques, qui, suivant les circonstances, ont agrandi le champ de l'acception et créé de nouvelles ressources au langage. C'est une création secondaire sans doute, mais c'est certainement une création. Elle s'est poursuivie pendant des siècles ; et notre langage tient mille ressources de ces élaborations qui, se portant tantôt sur un mot tantôt sur un autre, l'ont fait se renouveler par une sorte de végétation.

Ces considérations montrent qu'établir la filiation des sens est une opération difficile, mais nécessaire pour la connaissance du mot, pour l'enchaînement de son histoire, surtout pour la logique générale qui, ennemie des incohérences, est déconcertée par les brusques sauts des acceptions et par leurs caprices inexpliqués.


### III. PRONONCIATION.


Après chaque mot et entre parenthèses est placée la prononciation. Dans les langues qui ont appliqué aux sons nationaux un

système orthographique provenant de la tradition d'une langue
étrangère, par exemple le français appliquant l'orthographe latine,
il y a souvent un grand écart entre la prononciation réelle et
l'orthographe. Cela oblige, quand on veut figurer cette prononciation, autant que cela se peut faire par l'écriture, de recourir à
certaines conventions qui ramènent à des types connus les dis-
cordances orthographiques. Un tableau annexé à la fin de la
*Préface* indique le procédé de figuration que j'ai employé.

Il est notoire que la langue a varié dans les mots mêmes qui la
constituent, malgré leur enregistrement dans les livres et dans
les documents de toute espèce. A plus forte raison a-t-elle varié
dans la prononciation qui, de soi, est plus fugitive et qui, d'ailleurs, est plus difficile à consigner par l'écriture. Nous n'avons
rien de précis sur la prononciation du français pendant le moyen
âge, dans le douzième siècle et dans les siècles suivants. Cependant
Génin [1] a pu soutenir, et, je pense, avec toute raison, qu'en gros
cette prononciation nous a été transmise traditionnellement, et
que les sons fondamentaux du français ancien existent dans le
français moderne. On peut en citer un trait caractéristique, à
savoir l'*e* muet. Il est certain qu'il existait dès les temps les plus
anciens de la langue ; car la poésie d'alors, comme la poésie
d'aujourd'hui, le comptant devant une consonne, l'élidait devant
une voyelle.

Toutes les fois que j'ai rencontré des indications de prononciation pour les temps qui ont précédé le nôtre, je les ai notées avec
soin. Ce sont des curiosités qui intéressent; ce ne sont pas des
inutilités. En effet, un traité de prononciation tel que je le con-
cevrais devrait, en constatant présentement le meilleur usage,
essayer de remonter à l'usage antérieur, afin de déduire, par la
comparaison, des règles qui servissent de guide, appuyassent de
leur autorité la bonne prononciation, condamnassent la mauvaise,
et introduisissent la tradition et les conséquences de la tradition.

Je tiens de feu M. Guérard, de l'Académie des inscriptions et
belles-lettres, homme que l'amitié ne peut assez regretter ni l'érudition assez louer, un souvenir qui vient à point : un vieillard qu'il
fréquentait et qui avait été toute sa vie un habitué de la Comédie

1. En son livre des *Variations du langage français*, qui contient beaucoup
de paradoxes mais qui est plein de vues, Génin, que les lettres regrettent,
a laissé une trace dans l'étude du vieux français.

française, avait noté la prononciation et l'avait vue se modifier notablement dans le cours de sa longue carrière. Ainsi le théâtre, qu'on donne comme une bonne école et qui l'a été en effet long-temps, subit lui-même les influences de l'usage courant à fur et à mesure qu'il change. La prononciation de notre langue nous vient de nos aïeux, elle s'est modifiée comme toutes les choses de langue; mais, pour juger ces modifications et jusqu'à un certain point les diriger, il importe d'examiner à l'aide des antécédents quelles sont les conditions et les exigences fondamentales.

Cette réflexion n'est point un conseil abstrait; elle s'applique à la tendance générale qu'on a, de nos jours, à conformer la prononciation à l'écriture. Or, dans une langue comme la nôtre, dont l'orthographe est généralement étymologique, il ne peut rien y avoir de plus défectueux et de plus corrupteur qu'une pareille tendance. Voici un exemple qui fera comprendre comment, dans la langue française, l'écriture est un guide très-infidèle de la prononciation : *altre*, de l'ancienne langue, vient du latin *alter*, et conserve sous cette forme son orthographe étymologique; mais les peuples qui de *alter* formèrent *altre*, ne faisaient pas entendre l'*l* dans *al* et donnaient à cette combinaison orthographique le son de *ô*. Sans doute, plus tard, la combinaison *al* a fait place à la combinaison *au*; ce fut un essai pour conformer l'orthographe à la prononcia-tion; mais, derechef, on se trouva embarrassé pour figurer le son qui s'étend dans la première syllabe de *autre*, et l'adoption de *au* n'est que la substitution d'une convention à une autre. Faire pré-valoir ces conventions sur la chose réelle, qui est la prononciation traditionnelle, est un danger toujours présent.

L'écriture et la prononciation sont, dans notre langue, deux forces constamment en lutte. D'une part il y a des efforts gram-maticaux pour conformer l'écriture à la prononciation; mais ces efforts ne produisent jamais que des corrections partielles, l'en-semble de la langue résistant, en vertu de sa constitution et de son passé, à tout système qui en remanierait de fond en comble l'orthographe. D'autre part, il y a, dans ceux qui apprennent beaucoup la langue par la lecture sans l'apprendre suffisamment par l'oreille, une propension très-marquée vers l'habitude de con-former la prononciation à l'écriture et d'articuler des lettres qui doivent rester muettes. Ainsi s'est introduit l'usage de faire entendre l's dans *fils*, qui doit être prononcé non pas *fis'*, mais *fi*; ainsi le mot *lacs* (un lien), dont la prononciation est *lâ*, devient, dans la bouche de quelques personnes, *lak* et même *laks'*. On rapportera encore à l'influence de l'écriture sur la prononciation l'habitude toujours croissante de faire sonner les consonnes doubles : *ap'-pe-ler*, *som'-met*, etc. Dans tous les cas semblables, j'ai soigneusement indiqué la bonne prononciation fondée sur la tradition, et réprouvé la mauvaise.

On peut citer d'autres exemples de cet empiétement de l'écriture sur les droits de la prononciation. Les vieillards que j'ai connus dans ma jeunesse prononçaient non *secret*, mais *segret* ; aujourd'hui le *c* a prévalu. Dans *reine-claude* la lutte se poursuit, les uns disant *reine-claude*, les autres *reine-glaude*, conformément à l'usage traditionnel. *Second* lui-même, où la prononciation du *g* est si générale, commence à être entamé par l'écriture, et l'on entend quelques personnes dire non *segon*, mais *sekon*.

Il est de règle, bien que beaucoup de personnes commencent à y manquer, qu'un mot, finissant par certaines consonnes, qui passe au pluriel marqué par l's, perde dans la prononciation la consonne qu'il avait au singulier : *un bœuf*, *les bœufs*, dites *les beû*; *un œuf*, *les œufs*, dites *les eû*, etc. Si l'on cherche le motif de cette règle, on verra que, provenant sans doute du besoin d'éviter l'accumulation des consonnes, elle se fonde sur le plus antique usage de la langue. En effet, dans les cas pareils, c'est-à-dire quand le mot prend l's, la vieille langue efficace de l'écriture et par conséquent de la prononciation la consonne finale : *le coc, li cos*. C'est par tradition de cette prononciation qu'en Normandie *les coqs* se prononce *les cô*; et, vu la prononciation de *bœufs*, d'*œufs*, où l'*f* ne se fait pas entendre, c'est *cô* que nous devrions prononcer, si, pour ce mot, l'analogie n'avait pas été rompue. Je le répète, dans les hauts temps la consonne qui précédait l's grammaticale de terminaison ne s'écrivait pas, preuve qu'elle ne se prononçait pas.

L'ancien usage allongeait les pluriels des noms terminés par une consonne : *le chat*, *les chá*, *le sot*, *les só*, etc. Cela s'efface beaucoup, et la prononciation conforme de plus en plus le pluriel au singulier; c'est une nuance qui se perd.

Il est encore un point par où notre prononciation tend à se séparer de celle de nos pères et de nos aïeux, je veux dire des gens du dix-huitième et du dix-septième siècle : c'est la liaison des consonnes. Autrefois on liait beaucoup moins ; il n'est personne qui ne se rappelle avoir entendu les vieillards prononcer non les *Étá-z-Unis*, comme nous faisons, mais les *Étá-Unis*. A cette tendance je n'ai rien à objecter, sinon qu'il faut la restreindre conformément au principe de la tradition qui, dans le parler ordinaire, n'étend pas la liaison au delà d'un certain nombre de cas déterminés par l'usage, et qui, dans la déclamation, supprime les liaisons dans tous les cas où elles seraient dures ou désagréables. Il faut se conformer à ce dire de l'abbé d'Olivet : « La conversation des honnêtes gens est pleine d'hiatus volontaires qui sont tellement autorisés par l'usage, que, si l'on parlait autrement, cela serait d'un pédant ou d'un provincial. »

Dans la même vue on notera que, dans un mot en liaison, si deux consonnes le terminent, une seule, la première, doit être prononcée. Ainsi, dans ce vers de Malherbe :

La mort a des rigueurs à nulle autre pareilles;

plusieurs disent : *la mor-t-a*.... mais cela est mauvais, il faut dire *la mor a*. Au pluriel la chose est controversée; il n'est pas douteux que la règle ne doive s'y étendre : *les mor et les blessés*; mais l'usage de faire sonner l's comme un z gagne beaucoup : *les mor-z-et les blessés*; c'est un fait, et il faut le constater.

Telles sont les idées qui m'ont dirigé dans la manière dont j'ai figuré la prononciation et dans les remarques très-brèves qui accompagnent quelquefois cette figuration. Je voudrais que cela pût susciter quelque travail général où l'on prît en considération d'une part le bon usage et la tradition, d'autre part la lutte perpétuelle entre l'orthographe et la prononciation.

## IV. EXEMPLES TIRÉS DES AUTEURS CLASSIQUES OU AUTRES.

La citation régulière et systématique d'exemples pris aux meilleurs auteurs est une innovation qui paraît être en conformité avec certaines tendances historiques de l'esprit moderne. Du moins c'est surtout de notre temps qu'on s'est mis à insérer, dans la trame d'un dictionnaire français, des exemples pris dans les livres. Richelet en a quelques-uns, mais clair-semés, et sans aucun effort pour concentrer sur chaque mot les lumières qui en résultent. De nos jours les dictionnaires de M. Bescherelle et de M. Poitevin ont fait une place plus large à cet élément; dans le Dictionnaire de M. Dochez[1] et dans le mien il est partie constituante de l'œuvre ; il l'est aussi dans le Dictionnaire historique que l'Académie prépare et dont il a paru un premier fascicule.

Voltaire avait songé à des collections d'exemples pour un dictionnaire de la langue française, et, parlant de celui auquel l'Académie travaillait alors, il dit : « Il me semble aussi qu'on s'était fait une loi de ne point citer ; mais un dictionnaire sans citation est un squelette. » (*Lettre à Duclos*, 11 d'août 1760.) Sans admettre d'une manière absolue l'expression de Voltaire, puisqu'un dictionnaire peut être fait à bien des points de vue, il est certain qu'une littérature classique fondée il y a plus de deux cents ans, reçue comme le plus beau des héritages dans le dix-huitième siècle, entretenue avec des renouvellements dans le dix-neuvième, offre de quoi largement alimenter la lexicographie ; et, si la nomenclature des mots avec des exemples créés exprès est un squelette, il est facile de lui redonner du corps et de l'ampleur avec tant et de si précieux éléments. Ce n'est que continuer ce qui fut à l'origine ; car les littératures, précédant les dictionnaires, en fournirent les premiers éléments. Voltaire pensait qu'il fallait laisser pénétrer les exemples, soutenir l'usage par les autorités, et établir entre les mots et ceux qui s'en sont heureusement servis le lien réel qui est consacré par les livres. C'est ce que pratiquent les dictionnaires qui citent ; et c'est ce qui a suggéré à Voltaire de dire qu'un dictionnaire sans citation est décharné.

Quand on a sous les yeux une collection d'exemples et qu'on cherche à les faire tous entrer dans le cadre des significations, tel qu'il est tracé par les dictionnaires ordinaires et en particulier par celui de l'Académie, il arrive plus d'une fois que ce cadre ne suffit pas et qu'il faut le modifier et l'élargir. L'emploi divers et vivant par un auteur qui à la fois pense et écrit, donne lieu à des acceptions et à des nuances qui échappent quand on forme des exemples pour les cadres tout faits. Sous les doigts qui le manient impérieusement, le mot fléchit tantôt vers une signification, tantôt vers une autre ; et, sans qu'il perde rien de sa valeur propre et de son vrai caractère, on y voit apparaître des propriétés qu'on n'y aurait pas soupçonnées. L'on sent que le mot qui paraît le plus simple et, si je puis parler ainsi, le plus homogène, renferme en soi des affinités multiples que les contacts mettent en jeu et dont

---

1. Voyez ce que j'en ai dit plus haut.

la langue profite. Mais il faut ajouter que celui qui, faisant un dictionnaire, se donne pour tâche de ranger les acceptions dans l'ordre le plus satisfaisant, éprouve des difficultés particulières dans la classification des exemples. C'est un très-grand travail, que de déterminer les places où ils conviennent logiquement. L'intercalation des exemples est une épreuve dont la classification des sens sort presque toujours modifiée, corrigée, élargie. Il n'en faut laisser aucun hors cadre ; aussi m'efforcé-je toujours de leur trouver un compartiment convenable à la nature du mot et à l'intention de l'auteur.

D'autres fois les exemples offrent des combinaisons que les dictionnaires n'ont pas. Entre beaucoup on peut citer celui-ci : cherchez dans le Dictionnaire de l'Académie à *date* la locution *sans date*, vous y trouverez *lettre sans date*; et en effet il ne doit pas y avoir autre chose tant qu'on ne fait pas intervenir les exemples. Mais ouvrez les *Harmonies* de M. de Lamartine, et vous rencontrerez :

Ce furent ces forêts, ces ténèbres, cette onde
Et ces arbres *sans date* et ces rocs immortels....

et dès lors vous inscrivez à sa place *sans date* avec le sens d'*immémorial*, du moins dans la poésie.

Il arrive que les passages cités ainsi donnent une explication précise ou élégante, ou contiennent quelque détail curieux, quelque renseignement historique. Bien que j'aie tourné mon attention sur ce motif de choisir les exemples, cependant le genre d'utilité qui en résulte ne m'a frappé qu'assez tardivement. Aussi maints passages utiles m'ont échappé sans doute ; mais, arrivé au terme d'un si long labeur, il a fallu me contenter de ce que j'avais amassé depuis près de vingt ans.

Comme les plus anciens de nos auteurs classiques touchent au seizième siècle et que même, à vrai dire, il n'y a qu'une limite fictive entre les deux époques, les exemples qu'on leur emprunte donnent plus d'une fois la main à ceux de l'âge précédent inscrits à leur place chronologique. De la sorte la transition apparaît telle qu'elle fut entre la langue parlée et écrite de la fin du seizième siècle et celle du commencement du dix-septième.

Pour citations, les plus anciens exemples doivent être préférés aux nouveaux. En effet l'objet de ces citations est de compléter

l'ensemble de la langue et la connaissance des significations,
connaissance qui n'est donnée que par les origines. Plus on
remonte haut, plus on a chance de trouver le sens premier, et, par
lui, l'enchaînement des significations. Les textes modernes ont
leur tour ; car ils témoignent de l'état présent de la langue ; mais
ils sont réservés pour indiquer ce qui leur est propre, c'est-à-dire
les nouvelles acceptions, les nouvelles combinaisons, en un mot
les nouvelles faces des mots. Ils sont les autorités de l'usage nouveau, comme les autres sont les autorités de l'usage ancien.

Enfin, indépendamment de ces avantages, les exemples ne sont
pas sans quelque attrait par eux-mêmes. De beaux vers de Corneille ou de Racine, des morceaux du grand style de Bossuet, d'élégantes phrases de Massillon plaisent à rencontrer ; ce sont sans
doute des lambeaux, mais, pour me servir de l'expression d'Horace,
si justement applicable ici, se sont des lambeaux de pourpre.


## V. REMARQUES.

Sous ce chef, j'ai réuni quelques notions complémentaires qui
n'entrent pas d'ordinaire dans les plans lexicographiques, mais qui
pourtant ne me semblent pas dénuées d'intérêt et d'utilité.

Sans qu'un dictionnaire puisse jamais devenir un traité de
grammaire, il se rencontre de temps en temps des mots qui, par
leur nature et par leur emploi, invitent à quelques recherches et
à quelques décisions grammaticales. Je n'ai pas voulu me refuser,
par le silence et la prétermission, à ces naturelles invitations, et
c'est de la sorte que, dans ce dictionnaire, un paragraphe s'est
ouvert, sous le titre de *Remarques*, à des observations de grammaire.

Ces remarques se rapportent essentiellement à des difficultés. En
plus d'un cas l'usage est chancelant ; on ne sait ni comment dire,
ni, s'il s'agit d'écrire, comment écrire. Les grammairiens se sont
beaucoup appliqués à la discussion de ces cas. Il a donc suffi souvent de résumer leurs décisions et de les présenter sous une forme
concise. Mais il est arrivé aussi que soit l'examen du fait en
lui-même, soit l'abondance des renseignements fournis par les
exemples et par l'histoire, ont conduit à modifier leur décision, ou
bien à introduire des cas nouveaux auxquels ils n'avaient pas
songé. Ces remarques, de leur nature, sont très-diverses. Cepen-

dant, j'indiquerai comme exemples la discussion des locutions *dans ce but, remplir un but, imprimer un mouvement, sous ce rapport, se suicider, sous ce point de vue, se faire moquer de soi.*

D'autres fois ces remarques sont relatives à des faits rétrospectifs de grammaire, mais appartenant toujours à l'âge classique de la langue et de la littérature. Des constructions et des emplois de mots ont varié; c'est ainsi que *davantage que* (je cite celui-là entre beaucoup d'autres), après avoir été usité chez les meilleurs écrivains du dix-septième siècle, a été condamné par les grammairiens, et est finalement exclu du bon usage. Pour un double motif cette sorte de remarques méritait d'avoir une place : ou bien, comme ces tournures se trouvent dans d'excellents auteurs bien qu'elles soient condamnées par la grammaire présente, le lecteur qui les rencontre se pourrait croire autorisé à en user, et pourtant il pécherait contre la correction contemporaine; ou bien, comme elles sont aujourd'hui qualifiées de fautes, il serait porté à imputer aux auteurs classiques qui les lui offrent, des péchés contre le bon langage qui n'y sont pas ; car dans leur temps, la grammaire n'avait rien dit contre et l'usage les justifiait.

Il est enfin un dernier ordre de remarques, tantôt mises sous ce chef, tantôt incorporées dans la série des acceptions du mot. Il s'agit de l'interprétation de certaines locutions figurées ou proverbiales. J'ai, toutes les fois que cela m'a été possible, expliqué d'où provenait la locution, et comment on devait en comprendre l'origine et l'application ; mais je conviens sans hésitation que, malgré mes efforts, cette partie est loin d'être complète. En effet, à moins que l'interprétation ne s'offre d'elle-même, ou que des renseignements précis n'aient été conservés, il n'est guère que le hasard qui fasse rencontrer, en cela, ce que l'on cherche ; je veux dire que le succès dépend des chances de lecture qui amènent sous les yeux quelque passage explicatif.

## VI. DÉFINITIONS ET SYNONYMES.

Un dictionnaire ne peut pas plus contenir un traité de synonymes qu'un traité de grammaire ; c'est aux ouvrages spéciaux qu'il faut renvoyer les développements que comporte un sujet aussi étendu et aussi important. Cependant la synonymie touche à la lexicographie par quelques points qui ne doivent pas être négligés.

La définition des mots est une des grandes difficultés de la lexicographie. Quand on fait un dictionnaire d'une langue morte ou d'une langue étrangère, la traduction sert de définition ; mais, quand il faut expliquer un mot par d'autres mots de la même langue, on est exposé à tomber dans une sorte de cercle vicieux ou explication du même par le même. Ainsi, le Dictionnaire de l'Académie définit *fier* par *hautain, altier ;* et il définit *hautain* par *fier, orgueilleux.* Évidemment il y a là un défaut duquel il faut se préserver.

Je ne prétends pas, malgré mon attention, m'en être partout préservé ; mais la discussion des synonymes m'a souvent averti de prendre garde aux nuances et de ne pas recevoir comme une véritable explication le renvoi d'un terme à l'autre. C'est entre tant d'objets qu'un dictionnaire doit avoir en vue un de ceux auxquels j'ai donné le plus d'attention.

L'exemple cité plus haut de *hautain* et *altier* signale un autre côté par où la synonymie donne un utile secours à la lexicographie, en la forçant à préciser des idées très-étroitement unies. Il s'agit des mots qui ne diffèrent que par un suffixe : *hautain* et *altier* proviennent d'un même radical, le latin *altus ;* joignez-y *haut* dans le sens moral, et vous aurez trois termes identiques radicalement, ayant par conséquent un fond commun de signification, et n'étant distingués que parce que *haut* est sans suffixe, *haut-ain* pourvu du suffixe *ain,* et *alt-ier* du suffixe *ier.* Ce sont là des nuances qui sont difficiles à exprimer et qui pourtant influent sur les définitions.

## VII. HISTORIQUE.

Ici se termine ce que j'appellerai l'état présent de la langue. Ceux qui ne voudront rien de plus pourront s'arrêter là et laisser une dernière partie que la disposition typographique en a tout à fait séparée. Mais ceux qui seront curieux de voir comment un mot a été employé d'âge en âge depuis l'origine de la langue jusqu'au seizième siècle ; ceux qui iront jusqu'à désirer de connaître l'étymologie entreront dans l'histoire du mot, et trouveront, au-dessous de cette histoire, l'étymologie qui très-souvent en est dépendante.

Je donne le nom d'*historique* à une collection de phrases appartenant à l'ancienne langue. Lorsqu'un mot a été exposé complètement tel qu'il est aujourd'hui dans l'usage, lorsque les sens y ont été rangés d'après l'ordre logique, lorsque des exemples classiques, autant que faire se peut, ont été rapportés à l'appui, lorsque la prononciation a été indiquée et, au besoin, discutée, lorsqu'enfin des remarques grammaticales et critiques ont touché, dans les cas qui le comportent, à l'emploi du mot ou aux difficultés qu'il présente, alors s'ouvre un nouveau paragraphe pour les textes tirés de la langue d'oïl. Ainsi placé, c'est le prolongement naturel d'une série que l'on tronque quand on s'arrête à notre temps et aux temps classiques. Après avoir vu comment écrivent Corneille, Pascal, Bossuet, Voltaire, Montesquieu et nos contemporains, on pénètre en arrière et l'on voit comment ont écrit Montaigne, Amyot, Commines et Froissart, Oresme et Machaut, Joinville, Jean de Meung, Guillaume de Lorris, Ville-Hardouin, le, sire de Couci, le traducteur du livre des Psaumes, et Turold, l'auteur de la *Chanson de Roland*.

Ce n'est point, je l'ai déjà dit et je le répète, un dictionnaire de la vieille langue que j'ai entendu faire ; on ne trouve pas ici tous les mots qui nous ont été conservés dans les livres de nos anciens auteurs. Mon plan est plus restreint ; la vieille langue ne figure qu'à propos de la langue moderne. Toutes les fois qu'un mot d'aujourd'hui a un historique, c'est-à-dire n'a pas été formé et introduit depuis le dix-septième siècle, il est suivi d'un choix de textes qui en montrent l'emploi dans les siècles antérieurs. Il y a deux cents ans que quelque chose d'analogue avait été conseillé par l'auteur anonyme de la préface du Dictionnaire de Furetière : « L'on pourra, avec le temps, faire porter à ce dictionnaire le titre d'universel en toute rigueur ; il faudroit, pour cela, y enfermer tous les mots qui étoient en usage du temps de Ville-Hardouin, de Froissart, de Monstrelet, du sire de Joinville et de nos vieux romanciers..... On y pourrait insérer l'histoire des mots, c'est-à-dire le temps de leur règne et celui de leur signification. Il faudroit observer, à l'égard de ces vieux termes, ce qu'on pratique dans les dictionnaires des langues mortes, c'est de coter les passages de quelque auteur qui les auroit employés. On ne feroit pas mal non plus de se répandre sur les ouvrages des anciens poëtes provençaux ; et rien ne serviroit plus à perfectionner la science étymologique qu'une recherche exacte des mots particuliers aux diverses provinces du royaume ; car on connoîtroit par là l'infinie diversité de terminaisons et d'altérations de syllabes que souffrent les mots tirés de la même source ; ce qui donneroit une nouvelle confirmation et plus d'extension aux principes de cet art, et justifieroit plusieurs conjectures qui ont servi de raillerie à quelques mauvais plaisants. »

Je reviendrai ci-après sur les patois, le provençal et les autres langues romanes, et je continue l'explication de cet *historique*.

Pendant que, dans l'article consacré à l'usage présent, les acceptions sont rigoureusement classées d'après l'ordre logique, c'est-à-dire en commençant par le sens propre et en allant aux sens de plus en plus détournés, ici tout est rangé d'après l'ordre chronologique. Le principe de succession prévaut sur le principe de l'ordre des significations; ce qui importe, c'est de connaître comment les emplois se succèdent les uns aux autres et s'enchaînent. D'un coup d'œil on saisit toute cette filiation ; et, allant de siècle en siècle, on voit le mot tantôt varier d'usage, de signification et d'orthographe, tantôt se présenter dès les plus hauts temps à peu près tel qu'il est aujourd'hui. La curiosité qu'excite naturellement un tel déroulement ne se satisfait pas sans éveiller une foule de réflexions spontanées qui rendent la langue plus claire, plus précise, et, si je puis dire ainsi, plus authentique, et qui, faisant sentir le prix de la tradition, inspirent le respect des aïeux, et, au lieu du dédain pour le passé, la reconnaissance.

L'antiquité des langues romanes est fort grande; elle se confond avec l'origine de toutes les choses modernes en Occident, puisque c'est du centre romain que sont parties les influences de civilisation qui ont agi sur la Germanie, conquise par Charlemagne, christianisée par la conquête et par les missionnaires, et rendue féodale du même coup. Quand on considère l'Occident européen dans son ensemble et comme corps politique, on y aperçoit trois groupes : le groupe allemand, le groupe roman, le groupe anglais, tous trois distincts par la langue. Le premier, comme le nom l'indique, est de langue germanique; le second est de langue latine; le troisième est intermédiaire, germanique d'origine, mais fortement mélangé de roman par l'effet de la conquête normande. Le premier est le plus ancien, je parle des monuments de langue : on remonte, dans le domaine germanique, jusqu'au quatrième siècle, aux Goths et à Ulfilas, à une époque où le latin était encore vivant, et où il n'était aucunement question des langues romanes. Le second est postérieur, et son idiome commence à se dégager vers le neuvième siècle. Le troisième est le dernier en date; au quatorzième siècle l'anglais se forme de la combinaison d'un fonds germanique avec un mélange français. C'est ainsi que se partage l'histoire des langues dans l'Occident.

La langue française, en tant que langue distincte du latin, a commencé d'exister dans le courant du neuvième siècle, du moins à en juger par les monuments écrits. Un trouvère du douzième siècle, Benoît, nous apprend que des vers satiriques en cette langue furent faits contre un comte de Poitiers qui s'était mal conduit dans un combat avec les pirates normands. Ces vers du neuvième siècle ne nous sont point parvenus, et nous n'avons d'une aussi haute antiquité que le serment des fils de Louis le Débonnaire.

Le dixième siècle n'est guère plus riche en textes. La langue vulgaire, cela est certain, ne faisait que bégayer, et, quand il s'agissait d'écrire, c'était au latin que l'on recourait. Deux très-courts échantillons du parler d'alors nous ont été conservés; c'est le Chant d'Eulalie et le Fragment de Valenciennes. Le Chant d'Eulalie est une petite composition qui n'a que vingt-huit vers; le Fragment de Valenciennes est un lambeau de sermon trouvé sur la garde d'un manuscrit, décollé à grand'peine et lu avec non moins de difficulté. Quelque courts qu'ils soient, ces textes sont précieux et curieux par leur date.

C'est au onzième siècle que commencent les grandes compositions poétiques; mais comme ces compositions, d'abord écrites en assonances, furent remaniées dans le siècle suivant en rimes exactes, il ne nous reste que bien peu de poëmes que l'on puisse faire remonter avec certitude jusque-là. Cependant, ce n'est point une témérité que d'attribuer au onzième siècle la Chanson de Roland, qui a conservé les assonances primitives et qui porte d'ailleurs toute sorte de caractères d'ancienneté. Les Lois de Guillaume, imposées par le conquérant à l'Angleterre lorsqu'il y établit le système féodal, sont incontestablement du onzième siècle; seulement les textes que nous en avons ne sont pas purs de toutes retouches ni de ces influences qui donnèrent au français parlé en Angleterre un cachet particulier. Rien de pareil ne peut être reproché au Poëme de Saint Alexis, qui est un excellent texte de la langue écrite du onzième siècle. Il n'y a que ces trois documents pour la période qui compte ses années depuis 1001 jusqu'à 1100.

Celle qui les compte de 1101 à 1200 voit se développer dans son essor le mouvement et le travail commencés dans le siècle précédent. Le douzième siècle est l'âge classique de l'ancienne littérature. C'est alors que se composent ou se remanient les grandes chansons de geste et que se font les poëmes du cycle breton sur la Table ronde et Artus. Les textes abondent ; et, ne pouvant tout citer, il faut faire un choix. On trouvera à l'*historique*, particulièrement mis à contribution, la geste des Saxons, le poëme si remarquable de Raoul de Cambrai, les chansons du sire de Couci, le poëme si bien écrit et si travaillé sur le martyre de saint Thomas de Cantorbéry, les traductions du livre des Psaumes, de Job, des Rois, des Machabées et des sermons de saint Bernard, Benoît et sa Chronique de Normandie, Wace et ses poëmes de Brut et de Rou. De la sorte, on a sous les yeux un suffisant témoignage de la manière de parler et d'écrire du temps de Louis le Gros et de Philippe Auguste.

Le treizième siècle est à tous égards la continuation du douzième ; il n'innove pas, mais il ne laisse rien dépérir, et il cultive tous les genres créés dans l'âge précédent. Seulement le nombre des textes conservés est plus grand ; c'est une immensité, si à ce qui est publié on ajoute ce qui demeure inédit dans les bibliothèques. Les exemples de l'*historique* sont empruntés à Ville-Hardouin et à Joinville, ces deux historiens, l'un du commencement, l'autre de la fin de ce siècle, à la Chronique de Rains, à Beaumanoir, au Renart, épopée burlesque et vive satire de la société féodale, à la Rose, aux fabliaux, à la Chanson d'Antioche, à Berte aux grands pieds, à Marie de France, etc.

Le quatorzième siècle perd le goût des compositions qui avaient fait le charme des âges précédents, et pourtant il n'est pas en état d'y suppléer par des créations de son fonds ; l'originalité languit, mais cela n'empêche pas les textes d'être fort nombreux. Quelques-uns seulement figurent dans l'*historique* : pour la poésie, le roman héroï-comique de Baudoin de Sebourgs, la vie de Bertrand du Guesclin, Machaut, Girart de Rossillon, etc.; pour la prose, Oresme, le traducteur d'Aristote, Bercheure, le traducteur de Tite Live, Modus, qui est un traité sur la chasse, le Ménagier de Paris, qui est une espèce de guide de l'administration d'une maison et d'un ménage, les Chroniques de Saint-Denis, etc.

Dans le quinzième siècle, on trouvera des citations de Froissart, qui clôt le quatorzième siècle et qui meurt dans le quinzième, d'Alain Chartier, de Christine de Pisan, de Charles d'Orléans, d'Eustache Deschamps, de Coquillart, de la spirituelle comédie de

Patelin, de Commines, de Villon, de Perceforest, l'un de ces romans en prose qui remplacèrent les anciennes chansons de geste, du petit Jehan de Saintré. C'est par ces écrivains que le quinzième siècle passe sous les yeux du lecteur.

Au seizième siècle se termine la partie archaïque de la langue; on ne le quitte que pour entrer dans l'âge classique. Rabelais, Amyot, Calvin, Montaigne, d'Aubigné, Marguerite de Navarre, le conteur des Perriers et quelques autres ont été dépouillés; Olivier de Serres et Ambroise Paré l'ont été aussi pour le langage technique de l'agriculture et de la chirurgie. Les poëtes, dans cette période, n'ont pas atteint à la hauteur des prosateurs; cependant les deux Marot, le père et le fils, Joachim du Bellay, Ronsard, donnent encore un contingent important.

Tels sont les principaux auteurs et ouvrages, mais les principaux seulement, qui ont fourni des échantillons de leur langage. Quand la série est complète, c'est-à-dire quand on a des exemples jusqu'au onzième siècle (en avoir plus haut est rare, puisque des deux siècles précédents quelques lignes seulement nous sont parvenues), une même vue montre d'âge en âge comment le mot s'est comporté, et quelles modifications graduelles l'ont fait ce qu'il est aujourd'hui.

En ceci, le classement par significations troublerait tout; le classement par ordre de temps éclaircit tout. Je citerai quelques exemples. Toutes les personnes familiarisées avec la latinité ne peuvent manquer d'être frappées du mot *choisir* très-voisin d'*élire*, par le sens. *Élire* est, si je puis ainsi parler, du cru; il nous appartient par droit d'héritage; mais comment avons-nous l'autre, et quel est-il? L'*historique* donne la réponse. En le suivant dans son ordre chronologique, on voit que *choisir* a le sens d'apercevoir, de voir, et n'a que ce sens; puis, peu à peu, à côté de cette signification fondamentale apparaît la signification d'élire, de trier; puis, entre les deux significations, le rapport devient inverse: c'est celle d'élire qui prédomine; l'autre n'a plus que de rares exemples; si bien qu'au seizième siècle, elle est un archaïsme, abandonné tout à fait dans le dix-septième. On comprend comment l'idée d'apercevoir s'est changée en une idée dérivée, celle de trier. A ce point, l'étymologie se présente sans conteste; et notre mot vient du germanique *kausjan*, voir, regarder.

*Danger* peut encore être allégué comme un de ces mots que l'*historique* éclaire particulièrement. Avant toute histoire et toute ancienne citation, on a été porté à y voir un dérivé du latin *damnum*; par exemple, *damniarium*, d'où *danger* ou *dangier*. Mais d'abord l'idée de dommage n'est pas tellement voisine de celle de péril, qu'une simple conjecture, sans preuve de textes, suffise à établir le passage de l'une à l'autre. De plus, la langue du droit a, dans quelqu'un de ses recoins, conservé des emplois où *danger* ne signifie aucunement péril, mais signifie la défense qu'impose une autorité. Enfin, ce qui est décisif, l'*historique* élève deux objections fondamentales : la première, que la forme primitive est non pas *danger* mais *dongier* ou *donger*; la seconde, que le sens primitif est non pas péril, mais pouvoir, autorité, et, par suite, interdiction, défense. Il faut donc, quant à l'étymologie, ne considérer que cette forme et ce sens; on satisfait à l'une et à l'autre à l'aide du latin *dominium*, seigneurie, pouvoir, fournissant par dérivation la forme fictive *dominiarium*, ou la forme réelle *dongier*. On voit les conditions précises imposées à l'étymologie; il faut qu'elle soit explicative de la forme et du sens. Elle vient pour ces deux, formes et sens, d'expliquer *dongier*; il lui reste à expliquer *danger*. C'est une habitude beaucoup plus étendue dans l'ancienne langue, mais dont il reste des traces dans la moderne, de changer *o* des latins en *a*, *on* ou *un* en *en* ou *an* : ainsi *dame*, de *domina*; *damoiseau*, de *dominicellus*; *volenté*, de *voluntas*; *mains* pour *moins*; *cuens* pour *coms* (de *comes*, comte), etc. A cette catégorie appartient *danger*, qui figure dans les textes à côté de *donger*, et qui n'en est qu'une variante dialectique. Voilà pour la forme; quant au sens, on voit, en suivant la série historique, que vers le quatorzième ou quinzième siècle se trouve *estre au danger de quelqu'un*, qui signifie également être en son pouvoir et courir du péril de sa part. Là est la transition; dès lors le sens de péril devient prédominant; on oublie l'autre peu à peu, si bien que, quand l'ancienne et propre, signification est exhumée des livres, on la méconnaît; et l'on douterait de l'identité, si l'on ne tenait tous les chaînons.

Ce sont ces chaînons qui permettent de rattacher *dais* au latin *discus* dans le sens de table à manger. Les anciens textes sont concordants : un *dais* y est toujours la table du repas, et particulièrement du repas d'apparat, de celui des princes et des seigneurs. Puis, comme le repas d'apparat occupait un endroit élevé au-dessus du sol, *dais* passe au sens d'estrade; enfin, comme l'estrade est souvent recouverte de draperies qui la décorent, le

sens actuel de dais s'établit, et les autres qui ont servi d'intermédiaire tombent en désuétude.

Les mots, comme les familles, sont exposés à perdre leur no-·
blesse et à descendre des significations élevées aux basses significations. L'historique, qui est leur arbre généalogique, en fait foi.
Voyez *donzelle*; c'est un terme du langage familier, d'un sens très-
dédaigneux et appliqué à des femmes dont on parle légèrement.
Tel n'était point l'usage originel : *donzelle*, ou *doncele*, ou *dancele*
(ces formes sont équivalentes) n'avait pas d'autre emploi que *de-*
*moiselle* ou *damoiselle*, dont il est la contraction : c'était la jeune
dame, la jeune maîtresse, la fille de la maison, du manoir féodal ;
et cette signification prenait sa source dans le latin ; car *demoiselle*
est la représentation française de *dominicella*, diminutif de *domina*.
C'est encore au sein de la hiérarchie domestique que *valet*, après
avoir été dans le haut, descend dans le bas. D'abord, il fut bien
loin d'appartenir aux serviteurs de la maison et de jamais prendre
l'acception défavorable qui lui vient quand il sert à caractériser
une complaisance servile et blâmable. *Valet*, et, selon l'orthographe véritable, *vaslet*, est le diminutif de *vassal*, proprement *le*
*petit vassal;* or, dans le langage du moyen âge, ce *petit vassal* est
le jeune homme des familles nobles qui en est à son apprentissage
dans les fonctions domestiques et militaires. Le sens propre est
resté dans *varlet*, qui ne se dit plus qu'en parlant des temps
féodaux et qui est le même mot, l'*r* se substituant quelquefois à l'*s*.
*Vassal* avait deux sens très-distincts dans le vieux français : il
signifiait et celui qui était subordonné à un autre dans la hiérarchie
féodale, et celui qui se distinguait à la guerre par sa vaillance
et sa prouesse. On peut croire que l'idée de *vassal*, perdant sa
dignité, à mesure que la société féodale dépérissait, est descendue
jusqu'à celle de *valet ;* mais l'on voit par l'exemple de *donzelle*,
que l'usage n'a pas même besoin de ces prétextes pour faire
passer un mot des rangs élevés dans les humbles positions.

Il en est de certaines locutions comme des sens détournés ; si
elles sont difficiles, il n'y a guère que l'historique qui en fournisse
l'explication ; s'il manque à la fournir, les conjectures ne mènent
d'ordinaire qu'à des incertitudes. Qui, par exemple, sans l'historique, peut deviner ce qu'est *chape chute*? Une *chape* et une
*chute*, que veut dire cela ? Et si, dans l'impuissance d'expliquer
ces deux mots, on cherche à les interpréter en attachant à *chape* et
à *chute* un autre sens que celui qui leur est propre, quelle con-

fiance avoir en d'aveugles tâtonnements ? Rien n'est à changer au
sens de ces mots ; c'est bien de *chape* qu'il s'agit ; *chute* est le
participe *chu* ou *chut*, devenu substantif dans notre mot *chute*,
conservé dans la seule locution *chape chute*, qui, dès lors, signifie
chape tombée. Or, cette *chape chute* ou chape tombée figure dans
un vieux récit du trouvère Wace sur la justice rigoureuse du duc
Rollon ou Rou en Normandie. Une femme s'empare d'une *chape
chute* et est punie ; de là vient la locution de *chape chute* pour
chose de quelque valeur que l'on trouve, et dont on s'empare ; et
c'est ainsi que, dans La Fontaine, le loup, rôdant autour de la
maison où l'enfant pleurait, attendait *chape chute*, c'est-à-dire
quelque aubaine.

Par une efficacité de même genre, l'historique ramène parfois à
des origines distinctes des mots qui sont allés se confondant par
une vicieuse assimilation. Le *dé à jouer* et le *dé à coudre* est-ce
étymologiquement la même chose ? Et, s'ils sont différents, quelle
est la forme primitive de chacun ? Du premier coup d'œil, la
lecture des textes successifs tranche la question, montrant que le
*dé à jouer* est toujours *dé*, et ne change pas en remontant vers les
anciens temps, au lieu que le *dé à coudre* quitte une apparence
trompeuse, cesse d'être assimilé à l'autre et devient *deel*, lequel
indique le latin *digitale*.

Chaque époque a son genre de néologisme. L'historique en
donne la preuve : tels mots n'apparaissent qu'au quatorzième
siècle, tels autres datent du quinzième ou du seizième. Ce sont des
additions continuelles ; il est vrai que des pertes non moins continuelles agissent en sens inverse ; tous les siècles font entrer dans
la désuétude et dans l'oubli un certain nombre de mots ; tous les
siècles font entrer un certain nombre de mots dans l'habitude et
l'usage. Entre ces acquisitions et ces déperditions, la langue varie
tout en durant. Un fonds reste qui n'a pas changé depuis le
onzième et le douzième siècle ; des parties vont et viennent, les
unes périssant, les autres naissant. C'est cette combinaison entre
la permanence et la variation qui constitue l'histoire de la langue.

## VIII. PATOIS ; LANGUES ROMANES.

Les patois, dans l'opinion vulgaire, sont en décri, et on les tient
généralement pour du français qui s'est altéré dans la bouche du

peuple des provinces. C'est une erreur. Je montrerai plus loin, à
l'article *Dialectes*, que les patois sont les héritiers des dialectes qui
ont occupé l'ancienne France avant la centralisation monarchique
commencée au quatorzième siècle, et que dès lors le français
qu'ils nous conservent est aussi authentique que celui qui nous est
conservé par la langue littéraire. Cela étant, un dictionnaire
comme celui-ci ne pouvait pas les négliger ; car ils complètent
des séries, des formes, des significations.

En fait de langue et de grammaire, des exemples mettent les
choses bien plus nettement sous les yeux que ne font les raisonne-
ments. Je prends de nouveau notre mot *danger*, pour en faire
l'étude par les patois comme j'en ai fait l'étude par l'historique,
et pour y montrer comment les patois et l'historique se donnent
souvent la main. De quelque manière qu'il soit devenu synonyme
de *péril*, qui est le terme propre, le terme d'origine latine (*periculum*), le français littéraire ne donne rien au delà de cette acception présente. Mais allons aux patois ; aussitôt la signification
s'étend et ouvre des aperçus dont il faut tenir compte. *Dangier*, en
normand, signifie domination, puissance ; et *dangi*, en wallon,
nécessité, péril. Sont-ce des sens arbitraires et nés de caprices
locaux ? Pas le moins du monde ; la série des textes écarte une
aussi fausse interprétation. Dans l'ancien français, *danger* signifie
autorité, contrainte, résistance, et le sens de *péril* n'y paraît
qu'assez tard. L'historique, les patois, le sens d'aujourd'hui, voilà
donc les éléments de toute discussion sur le classement des significations du mot *danger* et sur son étymologie.

Certaines formes pures qui ont disparu du français sont demeu-
rées dans les patois. Si l'on doutait que *lierre* fût une production
fautive née de l'agglutination de l'article avec le mot (*l'-ierre*), les
patois suffiraient à en fournir la preuve ; tous n'ont pas suivi la
langue littéraire dans la corruption où elle est tombée ; et *hierre*,
du latin *hedera*, se trouve dans la bouche des paysans de plusieurs provinces, tandis que les lettrés sont obligés de dire et
d'écrire ce barbarisme, *le lierre*. Non pas que je veuille, gram-
mairien ou lexicographe rigoureux, conseiller en aucune façon de
revenir sur ce qui est accompli et d'essayer, par exemple, de res-
taurer *hierre* à la place du vicieux usurpateur *lierre*; y réussir
serait un mal. En effet, qu'arriverait-il ? L'oreille s'accoutumant
à *hierre*, *lierre* deviendrait un barbarisme insupportable, et tous
les vers de notre âge classique, où *lierre* figure honorablement,

seraient déparés. On n'a que trop fait cela au dix-septième siècle, quand, déclarant entre autres *dedans, dessus, dessous,* adverbes au lieu de prépositions qu'ils avaient été jusque-là, on a rendu désagréables pour nous tant de beaux vers de Malherbe et de Corneille. Il est des barbarismes et des solécismes qu'il est moins fâcheux de conserver, qu'il ne le serait de les effacer.

D'autres fois les patois offrent un secours particulier à l'étymo- logie. Dans notre mot *ornière,* si l'on prend en considération le commencement *or....* et le sens, on sera très-porté à y trouver un dérivé du latin *orbita,* roue (l'ornière étant la trace d'une roue), par l'intermédiaire d'une forme non latine *orbitaria,* mais qu'on peut supposer. Cependant des scrupules étymologiques persistent, et la présence de l'*n* au lieu du *b* entretient les doutes; car *orbita,* par l'intermédiaire d'*orbitaria,* aurait dû donner *orbière,* non *ornière.* Si *orbière* était quelque part, il éclaircirait *ornière,* qui ne pourrait pas en être séparé. Il est en effet quelque part; le wallon a *ourbîre,* qui signifie ornière, et de la sorte le chaînon nécessaire est trouvé.

Un fait qui est certain, bien qu'il n'ait pas été très-remarqué, c'est que de temps en temps il s'introduit dans la langue littéraire des mots venus des patois, particulièrement des patois qui, avoi- sinant le centre, ont avec lui moins de dissemblance pour le parler. Cela n'est point à regretter; car ce sont toujours des mots très- français et souvent des mots très-heureux, surtout quand il s'agit d'objets ruraux et d'impressions de la nature. Cette introduction se fait principalement par les récits de comices agricoles et de congrès provinciaux, par les journaux, par les livres. Il est pos- sible que, grâce à une plume célèbre, le mot *champi* (enfant trouvé), qui est usité dans tout l'Ouest, prenne pied dans la langue littéraire.

Pour ces raisons, j'ai fait usage des patois. Malheureusement toutes ces sources de langue qui coulent dans les patois sont loin d'être à la portée du lexicographe. Il s'en faut beaucoup que le domaine des parlers provinciaux ait été suffisamment exploré. Il y reste encore de très-considérables lacunes. C'est aux savants de province à y pourvoir; et c'est à l'Académie des inscriptions et belles-lettres à encourager les savants de province.

La place que j'ai accordée aux patois est petite et ne dépasse pas la rubrique que j'ai intitulée ÉTYMOLOGIE. Là je recueille toutes les formes qu'ils fournissent, autant du moins que les glossaires qui ont été publiés me l'ont permis ; je les mets les unes à côté des autres, et souvent elles me servent à la discussion étymologique, quelquefois à la détermination des sens et à leur classification ; dans tous les cas elles complètent l'idée totale de la langue française, en rappelant qu'elle a eu des dialectes, et qu'avant d'être une elle a été nécessairement multiple, suivant la province et la localité.

Je dirai des langues romanes ce que je viens de dire des patois : je leur donne une petite place à l'ÉTYMOLOGIE, citant avec soin les mots qu'elles m'offrent en correspondance avec le mot français ; et là elles me servent à la discussion étymologique et à la détermination du sens.

A l'article *langues romanes*, dans le *Complément* de cette préface, j'exposerai avec quelques développements les rapports des langues romanes entre elles et la position que le français y occupe. Pour le moment, je veux seulement expliquer l'usage de ce dictionnaire, c'est-à-dire indiquer quelles sont les parties qui le composent, quelle place ces parties y occupent et à quel office elles sont employées.

Dans la plupart des cas, un mot français n'est point un mot isolé dans l'Occident, mais il est également provençal, espagnol, italien, soit qu'il provienne du latin, ce qui est l'ordinaire, soit qu'il provienne du germanique ou d'autres sources. Cette simultanéité ne peut pas ne pas être consultée pour l'étymologie ; l'étymologie, à son tour, réagit sur la connaissance des acceptions primitives et sur leur filiation. Et dès lors il devient nécessaire de faire une place, petite sans doute, mais déterminée, à la comparaison des langues romanes, pour chaque mot qu'elles ont en commun.

## IX. ÉTYMOLOGIE.

L'étymologie a pour office de résoudre un mot en ses radicaux ou parties composantes, et, reconnaissant le sens de chacune de ces parties, elle nous permet de concevoir comment l'esprit humain a procédé pour passer des significations simples et primitives aux significations dérivées et complexes.

L'étymologie est primaire ou secondaire : primaire, quand il s'agit d'une langue à laquelle, historiquement, on ne connaît point de mère ; secondaire, quand il s'agit d'une langue historiquement

dérivée d'une autre. Ainsi l'étymologie romane, et, en particulier,
française, est secondaire, remontant pour la plupart des mots au
latin, à l'allemand, au grec, etc. Puis l'étymologie latine, ou
grecque, ou allemande, est primaire ; ces idiomes n'ont pas d'as-
cendant que nous leur connaissions, mais ils ont des frères, le
sanscrit, le zend, le slave, le celtique ; ce sont autant de termes de
comparaison pour l'étymologie primaire, qui s'efforce d'isoler les
radicaux irréductibles, de déterminer quel en fut le sens et d'en
faire la nomenclature.

Dans ce dictionnaire, il n'est question que de l'étymologie
secondaire et seulement de la langue française. Le problème à
résoudre est de trouver pour chaque mot français le mot ancien
dont il procède et l'origine de la signification que prend le mot
ancien en devenant le mot moderne. Il s'en faut, certes, que le
problème soit résolu pour tous les mots ; mais il l'est pour beaucoup ; et sur ce terrain de l'étymologie secondaire, qui est plus
rapproché de nous et plus historique, on a d'amples et précieux
documents qui enseignent comment l'esprit d'un peuple, à l'aide
d'un fonds préexistant, fait des mots et des significations ; ce qui
jette du jour sur le terrain plus éloigné et moins historique de
l'étymologie primaire.

Mais l'étymologie est-elle une science à laquelle on puisse se
fier, et dépasse-t-elle jamais le caractère de conjectures plus ou
moins ingénieuses et plausibles ? Cette appréhension subsiste
encore chez de bons esprits, restés sous l'impression des aberrations étymologiques et des moqueries qu'elles suscitèrent. L'étymologie fut, à ses débuts, dans la condition de toutes les recherches scientifiques, c'est-à-dire sans règle, sans méthode, sans
expérience. La règle, la méthode, l'expérience ne naissent que
par la comparaison des langues, et la comparaison des langues est
une application toute nouvelle de l'esprit de recherche et d'observation. Les savants qui les premiers s'occupèrent d'étymologie, ne
pouvant consulter que la signification et la forme apparente des
mots, ne réussissaient que dans les cas simples : ils n'avaient
aucun moyen de traiter les cas complexes et difficiles sinon par
la conjecture et l'imagination ; et dès lors les aberrations étaient
sans limites, puisqu'il ne s'agissait que de satisfaire tellement
quellement au sens et à la forme.

Désormais les recherches étymologiques sont sorties de cette
période rudimentaire ; et l'ancien tâtonnement a disparu. L'étude

comparative a établi un certain nombre de conditions qu'il faut remplir ; le mot que l'on considère est soumis à l'épreuve de ces conditions ; s'il la subit, l'étymologie est bonne ; s'il la subit incomplétement, elle est douteuse ; s'il ne peut la subir, elle est mauvaise et à rejeter. De la sorte, tout arbitraire est éliminé ; ce sont les conditions qui décident de la valeur d'une étymologie ; ce n'est plus la conjecture ni l'imagination. Voici, pour l'étymologie française, l'énumération de ces conditions ; ce sont : *le sens, la forme, les règles de mutation propres à chaque langue, l'historique, la filière* et *l'accent latin*. Quelques mots sont nécessaires sur chacune de ces divisions.

1. Le *sens* est la première condition ; il est clair qu'il n'y a point d'étymologie possible entre deux mots qui n'ont point communauté de sens. Ainsi entre *louer*, donner ou prendre à location, et *louer*, faire l'éloge, il ne faut chercher aucun rapport étymologique ; si on en cherchait, on s'égarerait : l'un vient de *locare*, l'autre de *laudare*. Mais il ne faut pas se laisser tromper non plus par les détours divers, quelquefois très-prolongés et difficiles à suivre, que prennent les significations. Dans l'ancien français on trouve *louer, loer*, avec le sens de conseiller ; y verra-t-on autre chose que le verbe *laudāre ?* Non. Celui qui conseille *loue* ce qu'il conseille à celui qui le consulte, il en fait l'éloge ; de là ce sens détourné qu'anciennement *louer* avait pris. Et pour mentionner un exemple de notre temps, se laissera-t-on empêcher, par la différence des sens, de voir un seul et même mot dans *cour*, espace libre attenant à une maison, et *cour de prince*, ou encore *cour de justice ?* En aucune façon ; une étude exacte des significations, appuyée sur l'histoire, montre que la *cour* fut d'abord une habitation rurale, d'où le sens de cour de maison ; puis l'habitation rurale d'un grand seigneur franc, d'où la signification relevée de résidence des princes ou des juges.

2. La *forme* est d'un concours non moins nécessaire que le sens. Des mots qui n'ont pas même forme, soit présentement, soit à l'origine, n'ont rien de commun, et appartiennent à des radicaux différents ; mais l'identité de forme n'implique pas toujours l'identité de radical ; témoin les deux *louer* cités tout à l'heure. Les lettres qui composent un mot en sont les éléments constitutifs ; elles ne peuvent pas se perdre, elle ne peuvent que se transformer, ou, si elles se perdent, l'étymologie doit rendre compte de ce déchet. Je comparerai volontiers les métamorphoses littérales dans le passage d'une

langue à l'autre aux métamorphoses anatomiques que le passage d'un ordre d'animaux à l'autre donne à étudier. Que deviennent les os dont est formé le bras de l'homme, quand ce bras se change en patte de devant d'un mammifère, en aile d'un oiseau, en nageoire d'une baleine, en membre rudimentaire d'un ophidien? Semblablement, que deviennent les lettres d'un mot latin ou allemand qui en sont les os, quand ce mot se change en mot français? Des deux parts, pour l'étymologiste comme pour l'anatomiste, il y a un squelette qui ne s'évanouit pas, mais qui se modifie.

Il faut pousser plus loin la comparaison entre l'anatomie et l'étymologie. L'anatomie a ses monstruosités où des parties essentielles se sont déformées ou détruites ; l'étymologie a les siennes, c'est-à-dire des fautes de toute nature sur la signification, la contexture ou l'orthographe du mot. Ces infractions n'ont, des deux côtés, rien qui abolisse les règles ; elles sont des accidents qui en partie ont des règles secondaires, en partie constituent des cas particuliers, expliqués ou inexpliqués. Ce sont les règles générales et positives qui permettent de dire qu'il y a faute là même où l'on ne peut connaître les circonstances ou les conditions de la faute, et de diviser tout le domaine en partie régulière et correcte et en partie altérée et mutilée par les inévitables erreurs du temps et des hommes.

Parmi les lettres, les consonnes sont plus persistantes que les voyelles; et, parmi les voyelles, les longues plus que les brèves. Voyez *peindre* du latin *pingere*, et *plaindre* de *plangere ;* l'*e* bref disparaissant, il en devait résulter *peingre* et *plaingre*. Mais, au moment de la transformation, l'oreille, du moins l'oreille française, ne put guère supporter entre la nasale *n* et la liquide *r*, que la dentale *d ;* et ainsi naquirent *peindre* et *plaindre ;* l'habitude fut de rendre par *ei* ou, moins bien, par *ai*, les combinaisons latines *en, in, em, im*. *Louange* est un peu plus compliqué : c'est le verbe *louer*, avec un suffixe *ange*, ou plutôt *enge* (car telle est l'orthographe ancienne) : or *vendange*, de *vindemia*, nous apprend que ce suffixe représente *emia ;* ce qui nous conduit à un bas-latin *laudemia*, qui existe en effet ; de sorte que *louange* est fait sur le même modèle que *vendange*. Pour la forme comme pour le sens, on doit prendre garde aux transformations ; elles conduisent quelquefois bien loin un mot, qu'on méconnaîtra si on ne tient pas les gradations qui en ont changé la figure. A première vue, on ne saura, par exemple, ce que peut être notre adverbe *jusque;* et si l'on spécule tant qu'il est dans cet état, on entreverra sans doute qu'il tient au latin *usque*, mais sans pouvoir en fournir la démonstration. Il y tient en effet; la forme primitive est *dusque*, ce qui mène à *de usque*, sorte d'adverbe composé comme l'est la préposition *dans* (*de intus*); *de* ou *di* latin se changea souvent, sous l'exigence de l'oreille française, en *j* ou *g* sifflant. *Jour* peut aussi servir à mesurer l'espace parcouru, sans se dénaturer, par un mot qui se transforme; dans l'ancienne langue il est *jorn*, en italien *giorno*, tous deux du latin *diurnus*, qui lui-même provient de *dies;* si bien que, très-certainement, *dies* et *jour*, n'ayant plus aucune lettre commune, mais en ayant eu, sont liés l'un à l'autre.

3. A la forme du mot on rattachera étroitement les *règles de permutation des lettres*. Toute forme d'un mot ne dépend pas des règles de permutation; mais toute permutation influe sur la forme. On entend par règles de permutation le mode uniforme selon lequel chacune des langues romanes modifie un même mot latin. Il ne faut pas croire, en effet, que ces langues traitent capricieusement les combinaisons latines de lettres, et que la même combinaison soit rendue par chacune d'elles, tantôt d'une façon, tantôt d'une autre. Non, là aussi la régularité est grande et prime les exceptions. Chaque langue romane eut, à l'origine, son euphonie propre, instinctive, spontanée, qui lui imposa les permutations de lettres en les réglant, et qui fit que tel groupe de lettres en latin est uniformément rendu, dans les cas les plus variés, par tel groupe de lettres en roman. Le latin *maturus* devient : en italien, *maturo;* en espagnol, *maduro;* en provençal, *madur;* en français, *meür* et, par contraction, *mûr*. Ce petit tableau ou diagramme montre comment un même mot peut être traité par chacune des quatre langues : l'italien est aussi voisin que possible du latin ; l'espagnol change la consonne intermédiaire ; le provençal la change aussi et efface la finale ; le français, qui efface semblablement cette finale, supprime de plus la consonne médiane. Supprimer les consonnes médianes des mots latins est un des caractères spécifiques du français, par rapport aux autres langues romanes, et ce qui l'écarte le plus, en apparence, non au fond, du latin.

On peut, pour le français, citer entre autres les habitudes ou règles suivantes : en général, dans le corps du mot, les syllabes non prosodiquement accentuées sont supprimées, d'où résulte une

contraction du mot latin, comme dans *sollicitare*, soulcier (soucier); *ministerium*, mestier (métier); *monasterium*, moustier
(moutier); *cogitare*, cuider; *cupiditare*, mot du bas-latin, con-
voiter; *æstimare*, esmer, etc. Il arrive souvent qu'une consonne
est supprimée, ce qui produit le rapprochement des voyelles, rapprochement que nos aïeux paraissent avoir aimé : *securus*, seür
(sûr); *maturus*, meür (mûr); *regina*, reïne (reine); *adorare*,
aorer (adorer); *fidelis*, féal; *legalis*, loyal, etc. Enfin, quand deux
consonnes sont consécutives dans le latin, le français a deux
modes de les traiter : ou bien il en supprime une, *adversarius*,
aversaire (le *d* a reparu dans le français moderne), *advocatus*,
avoué, etc.; ou bien l'une d'elles se fond avec la voyelle antécé-
dente pour en modifier le son : *alter*, autre; *altar*, autier, aujour-
d'hui autel, etc. La partie initiale du mot est en général respectée
par le français, sauf un seul cas, celui où le mot commence par
une *s* suivie d'une autre consonne; alors le français, qui trouve
cette articulation pénible, la facilite par un *e* prosthétique : *scri-
bere*, escrire (écrire); *species*, espèce; *stringere*, estreindre (étrein-
dre); *spissus*, espois (épais), etc. On comprend que les mots tels
que *statue*, *spécial*, etc. ne sont que des exceptions apparentes;
l'ancienne langue a dit *especial* et aurait dit *estatue*. Pour le reste,
le français conserve cette partie initiale telle que le latin la donne;
on ne peut plus mentionner que des exceptions très-rares, comme
l'addition du *g* dans *g-renouille*, qui vient de *ranuncula;* le changement de *t* en *c* dans *craindre*, qui vient de *tremere*. Surtout,
notre langue ne se permet pas ces suppressions, qui sont fréquentes dans l'italien, comme *rena* pour *arena*, le sable, *badia*,
abbaye, etc. On ne peut guère citer, et encore dans l'ancien français, que *li vesque* pour *li evesques*, qui d'ailleurs se disait aussi
(*vesque* ayant été formé par une influence provençale ou italienne :
en provençal, *vesque*; en italien, *vescovo*).

Quant à la partie finale du mot, je me contente de noter ces
particularités : la terminaison latine *ationem* devient *aison* : *satio-
nem*, saison; *venationem*, venaison; *orationem*, oraison; la finale
*sionem* ou *tionem* se change généralement en *son* : *mansionem*,
maison; *potionem*, poison; *suspicionem*, soupçon, etc. La finale
*iculus, icula, iculum*, devient *eil* ou *il* : *periculum*, péril; *vermi-
culus*, vermeil; la finale *alia* devient *aille* : *animalia*, aumaille;
la finale *ilia* devient *eille* : *mirabilia*, merveille; la finale *aculum*
devient souvent *ail* : *suspiraculum*, soupirail; quelquefois sim-

plement *acle : miraculum*, miracle. La finale *arius* devient *aire*
ou *ier : contrarius*, contraire, *primarius*, premier. La finale *aticus*, *aticum*, s'exprime par *age : viaticum*, voyage. Les finales
*enge*, *inge*, *onge*, proviennent de *emia*, *imius*, *omia* ou *omnia :
simius*, singe ; *somniari*, songer. Le double *w* germanique se
rend par *gu : guerre*, de *werra*. L'*n* suivie d'une *r* exige souvent
l'intercalation d'un *d : veneris dies, ven'ris dies*, vendredi ; *ponere,
pon're*, pondre.

Ces exemples, qu'il serait facile d'étendre davantage, suffisent
ici. Une fois que les règles de permutation ont été ainsi obtenues
par la comparaison de beaucoup de cas, on s'en sert comme d'une
clef. Prenons le verbe *ronger :* comparé à *songer*, qui vient de
*somniari, ronger* viendra de *rumniare*, dit, par l'épenthèse très-
commune d'un *i*, pour *rumnare ;* de sorte que *ronger* est proprement *ruminer*. Cette déduction, que la théorie suffirait pour
assurer, est vérifiée de fait par les patois, qui disent en effet
*groner* pour *ruminer*. De la même façon, on trouvera une élégante
étymologie de notre mot *âge :* l'accent circonflexe indique une
contraction ; en effet, la forme complète est *eage* ou *aage*, et, dans
les plus vieux textes, *edage ;* dès lors, tout est clair: le corps du
mot est *ea* ou *eda*, représentant *æta*, du latin *ætatem ;* la finale
*age* représente *aticum ;* et l'on remonte sans conteste à un mot
bas-latin *ætaticum*, réel ou fictif, qui sert d'intermédiaire entre le
français *âge* et le latin *ætas*. Ce que sont les mots bas-latin ainsi
formés, on le comprend ; ils n'ont rien de commun avec les intermédiaires imaginés par les anciens étymologistes. Ceux-ci ne
connaissaient pas les règles de permutation, et ils inventaient des
thèses pour justifier leur étymologie ; elle dépendait de ces intermédiaires qui en dépendaient à leur tour ; c'était un cercle vicieux.
Aujourd'hui rien de semblable ; on sait exactement quelle est la
forme qui en bas-latin peut répondre à la forme romane ; et,
quand, ne la trouvant pas, on la reconstitue, on ne fait que mettre
complétement sous les yeux du lecteur une série d'ailleurs assurée ;
cela sert à représenter l'explication, non à la fonder.

4. L'*historique*, en regard des formes diverses données par les
langues romanes, fournit les formes et les significations primitives.
Sans la connaissance de ces formes et de ces significations, il n'y
a guère d'étymologie qui puisse être cherchée avec sécurité, je
parle des étymologies non évidentes de soi. C'est par le défaut
d'historique qu'il est en beaucoup de cas impossible d'expliquer

les noms de métier. Quand on n'a que la conjecture, des chemins divers sont ouverts pour atteindre la forme primitive, le sens primitif; mais, quand on a un historique, le chemin prend une direction fixe dans laquelle il faut s'engager. Ainsi *basoche* vient de *basilica*, cela est certain; mais comment est-ce certain? C'est que tous les lieux qui portent le nom de *basoche* ont *basilica* pour nom latin; cela posé, *basilica* donne *baselche*, réel ou fictif, peu importe, car on sait par des exemples suffisants que le latin *ilica* ou *ilice* donne *elce* ou *elche;* puis, par le changement connu de *el* en *eu* ou *o, baselche* devient *basoche,* avec l'accent tonique sur la syllabe qui est, en latin, accentuée (*basilica*); d'ailleurs le sens convient, puisque la *basilique* désignait un édifice où se rendait la justice.

Il est encore un autre service que l'historique rend à l'étymologie, c'est de lui signaler les cas où un mot s'établit par une circonstance fortuite. Dans l'ignorance de cette circonstance, on s'égare à mille lieues, cherchant à interpréter par la décomposition ou par la ressemblance un mot qui, d'origine, ne tient ni par la forme ni par le sens à aucun élément de la langue. Si l'on ne savait que *espiègle* vient d'un recueil allemand de facéties intitulé *Eulenspiegel* (le Miroir de la Chouette), où n'irait-on pas en cherchant à ce mot une étymologie plausible? Si le dix-huitième siècle ne nous avait pas appris que la *silhouette* est dite ainsi d'un financier d'alors, dont on tourna en ridicule les réformes et les économies, y aurait-il rien de plus malencontreux que de tâcher à décomposer ce mot en éléments significatifs? Un cas de ce genre m'a été fourni par mes lectures, et de la sorte j'ai pu donner une étymologie nécessairement manquée par tous mes devanciers qui n'avaient pas mis la main sur ce petit fait. Il s'agit de *galetas;* Ménage le tir de *valetostasis,* station des valets; Scheler songe au radical de *galerie;* on a cité un mot arabe, *calata,* chambre haute; Diez n'en parle pas, ce qui, en l'absence de tout document, était le plus sage. Quittons le domaine des conjectures qui ne peuvent pas plus être réfutées que vérifiées, et venons aux renseignements particuliers qui, dans des significations que j'appellerai fortuites, contiennent seuls l'explication. *Galetas* est, de l'efficacité de ces trouvailles, une excellente preuve; en effet, qui le croirait? c'est la haute et orgueilleuse tour de Galata à Constantinople qui, de si loin, est venue fournir un mot à la langue française. *Galata* a commencé par quitter l'acception spéciale pour prendre le sens général de tour, puis il s'est appliqué à une partie d'un édifice public de Paris; enfin ce n'est plus aujourd'hui qu'un misérable réduit dans une maison. Il n'a fallu rien moins que l'expédition des croisés de la fin du douzième siècle, leur traité avec les Vénitiens qui les détourna de la terre sainte sur Constantinople, la prise de cette ville, l'établissement momentané d'une dynastie française à la place des princes grecs, pour que le nom d'une localité étrangère s'introduisît dans notre langue et y devînt un terme vulgaire. *Galetas* est allé toujours se dégradant; parti des rives du Bosphore dans tout l'éclat des souvenirs de la seconde Rome, il s'est obscurément perdu dans les demeures de la pauvreté et du désordre.

5. La *filière* est, par comparaison avec l'instrument de ce nom, une suite de pertuis par lesquels le mot doit passer; ces pertuis sont les formes qui lui appartiennent dans les langues romanes. Pour qu'une étymologie soit valable, il ne suffit pas qu'elle satisfasse à la condition française du mot; quand ce mot est commun à toutes les langues romanes ou à plusieurs, il faut qu'elle satisfasse à la condition italienne, espagnole, provençale. Soit, par exemple, le mot *encre;* l'italien dit *inchiostro;* il faudra donc trouver un mot latin qui convienne à la fois à *encre* et à *inchiostro;* ce mot latin est *encaustum,* qui, de la signification d'encaustique, était passé à celle d'encre, dès Isidore et le sixième siècle; et *sacrum encaustum* désignait un encre de pourpre réservée à l'empereur. *Encaustum* avait deux prononciations: l'une latine, avec l'accent sur *caus,* a donné l'italien *inchiostro;* l'autre grec, avec l'accent sur *en* (ἔγκαυστον), a donné le français *encre.* Autre exemple: dans la finale *age,* qui répond à la finale latine *aticus,* la filière est pleinement satisfaisante; *sauvage,* de *sylvaticus,* présente la forme où l'étymologie est le plus masquée; l'italien, par les deux *gg* (*selvaggio*), fait connaître que la finale avait plus d'une consonne; enfin le provençal met à découvert la seconde consonne (*selvatge*). En revanche, ce qui rend l'étymologie du verbe *aller* si difficile, et, à vrai dire, impraticable jusqu'à présent, c'est la filière qui ne laisse pas passer toutes les formes romanes; ces formes sont: en italien, *andare;* en espagnol, *andar;* en provençal, *anar;* en français, *aller,* et aussi, dans l'ancienne langue, *aner.* Il est malaisé de voir, dans ces mots qui se touchent par le sens et même un peu par la forme, des mots différents; mais il est impossible qu'ils traversent tous la filière; où l'un passe, l'autre est

arrêté; telle forme latine ( *aditare* ) qui donnerait très-bien l'italien *andare*, s'il était seul, ne donne plus le provençal ou le français. Si on les prend comme ayant même radical, on ne peut rendre compte de la transformation; si on les prend comme ayant des radicaux différents, on perd la garantie de la comparaison, et on n'a plus que des conjectures plus ou moins plausibles.

La particule péjorative *mes* (*mésestimer*, *mésuser*, *mespriser*, etc.) est un des exemples où ressort particulièrement la nécessité de la filière. A première vue on croirait qu'elle représente la particule allemande *miss* (en anglais *mis*), qui a même sens et même forme; avec le français seul et surtout avec l'italien qui dit *mis*, il serait impossible d'échapper à cette conclusion. Mais allons plus loin et poussons jusqu'au bout la filière : *mes* ou *mis* devient, dans les mots parallèles, en provençal *mens*, *menes* (*mesprezar*, *mensprezar* ou *menesprezar*, mépriser), en espagnol et en portugais *menos* (*menospreciar*, *menosprezar*). Ce n'est donc pas à la particule allemande *miss* qu'on a affaire; elle ne donnerait ni *mens*, ni *menes*, ni *menos;* c'est à l'adverbe latin *minus*, moins, qui donne *menos*, *menes*, *mens*, et, par la suppression non rare de la nasale devant l's, *mes*, puis, par altération de la voyelle, *mis* en italien.

6. Enfin l'*accent tonique latin* est, dans la recherche des étymologies romanes, de première importance. On nomme accent tonique ou, simplement, accent, l'élévation de la voix qui, dans un mot, se fait sur une des syllabes. Ainsi, dans *raison*, l'accent est sur la dernière syllabe, et, dans *raisonnable*, il est sur l'avant-dernière syllabe. L'accent tonique peut être dit l'âme du mot; c'est lui qui en subordonne les parties, qui y crée l'unité et qui fait que les diverses syllabes n'apparaissent pas comme un bloc informe de syllabes indépendantes. En français, il n'occupe jamais que deux places : la dernière syllabe, quand la terminaison est masculine; l'avant-dernière, quand la terminaison est féminine. L'une et l'autre de ces places ont leur cause dans l'accentuation latine. Celle-ci, sans avoir une règle aussi simple que l'accentuation française, est beaucoup moins compliquée que l'accentuation grecque. En voici la règle essentielle en deux mots : la langue latine recule l'accent tonique jusqu'à la syllabe antépénultième du mot. Ainsi dans *anima*, *animas*, *dominus*, *dominos*, l'accent est sur *an*, sur *dom;* il importe peu que la finale soit longue, l'accent garde sa place. Mais si la syllabe pénultième est longue, alors l'accent se

déplace et vient se fixer sur cette pénultième : *dólor, dolórem :* l'accent, qui est d'abord sur *do*, passe sur *lo*.

Toutes les langues romanes obéissent à l'accent latin. Dans chaque mot, la syllabe accentuée en latin est la syllabe accentuée en français, en espagnol, en italien, en provençal ; les exceptions elles-mêmes confirment la règle, c'est-à-dire qu'il est toujours possible de les expliquer, en montrant que la règle les domine. Cette puissance de l'accent est surtout remarquable dans le français, qui mutile singulièrement le mot latin ; car toutes ces mutilations portent sur les syllabes non accentuées ; la syllabe accentuée est toujours respectée. Considéré dans sa forme par rapport au latin et dans son origine, je définirais le français, une langue qui conserve la syllabe accentuée, supprime d'ordinaire la consonne médiane et la voyelle brève ; puis, cela fait, reconstruit le mot suivant l'euphonie exigée par l'oreille entre les éléments littéraux qui restent ; et de la sorte établit sa nouvelle et propre accentuation, qui porte toujours sur la dernière syllabe en terminaison masculine, et sur l'avant-dernière en terminaison féminine. On définirait autrement les autres langues romanes ; mais il demeure avéré, pour lui comme pour elles, que toute étymologie qui pèche contre l'accent latin est à rejeter, si elle n'a pas d'ailleurs quelque explication précise et valable.

Telles sont les conditions déterminées que désormais l'étymologie doit remplir. La recherche a des limites qui l'assurent et, j'allais dire en songeant à quelques rêveries anciennes ou modernes, des garde-fous qui la protégent. En dehors de ces limites commence la conjecture, que dès lors on donne uniquement pour ce qu'elle vaut. En dedans de ces limites s'exerce l'habileté étymologique ; car, pour avoir posé les règles, on est loin d'avoir tout fait, on a seulement mis l'outil entre les mains de l'ouvrier. Les difficultés étymologiques sont, dans les langues romanes, beaucoup plus grandes et plus nombreuses qu'on ne le croit communément.

Dans la composition des articles de ce dictionnaire, j'ai placé l'étymologie tout à fait en dernier lieu ; c'est qu'en effet elle ne peut être discutée à fond qu'après que tous les documents ont passé sous les yeux, à savoir les significations, les emplois, l'historique, les formes des patois et celles des langues romanes. Les éléments de la discussion une fois rassemblés, il ne reste plus qu'à en tirer le meilleur parti possible.

C'est dans ce dictionnaire que, pour la première fois, on trouvera traitée dans sa généralité l'étymologie de la langue française. Jusqu'à présent il n'y a eu que des travaux partiels; ici est un travail d'ensemble. Habitué aux méthodes rigoureuses, j'ai peu usé de la conjecture. Aussi reste-t-il de notables lacunes, surtout pour les termes de métier qui rarement ont un historique et pour lesquels on est loin de savoir toujours si l'acception est propre ou figurée. Mais j'ai l'espérance que bien des rapprochements qui m'ont échappé ressortiront quand les étymologistes auront sous les yeux ce premier essai d'un travail complet, et que plus d'une lacune sera comblée.

L'étymologie a toujours excité la curiosité. Il est, on peut le dire, peu d'esprits qui ne s'intéressent à ce genre de recherches; et plus d'une fois ceux qui s'occupent le moins de l'étude des mots ont l'occasion d'invoquer une origine à l'appui d'une idée ou d'une explication. Cet intérêt n'est ni vain ni de mauvais aloi. Pénétrer dans l'intimité des mots est pénétrer dans un côté de l'histoire; et, de plus en plus, l'histoire du passé devient importante pour le présent et pour l'avenir.

## X. CONCLUSION.

Cette préface s'est prolongée d'explication en explication, et elle s'étend encore dans un *Complément*[1] qui en fait partie et qui traite plusieurs questions, séparées du reste comme accessoires, introduites comme éclairant et vivifiant l'ensemble. Sans doute, à un dictionnaire tel que celui dont j'ai exposé la structure a-t-il fallu, pour que le lecteur pût l'apprécier, une longue Introduction. Si l'on veut bien s'arrêter encore un moment, je rappellerai que mon travail est constitué de deux parties distinctes mais connexes. L'une comprend les diverses significations rangées suivant leur ordre logique, les exemples classiques ou autres où les emplois du mot sont consignés, la prononciation discutée quand il y a lieu, et les remarques de grammaire et de critique que l'article comporte. L'autre comprend l'historique, les rapports du mot avec les patois et les langues romanes, et, finalement, l'étymologie. Ces

---

1. Ce complément que nous ne reproduisons pas ici est placé dans le *Dictionnaire* à la suite de la Préface.

deux parties se complètent l'une l'autre ; car la première, celle de l'usage présent, dépend de la seconde, celle de l'histoire et de l'origine. Les séparer peut se faire et s'est fait jusqu'à présent ; mais la première sans la seconde est un arbre sans ses racines, la seconde sans la première est un arbre sans ses branches et ses feuilles ; les avoir réunies est l'originalité de ce dictionnaire.

Arriver à l'idée la plus étendue du mot tant dans sa constitution ou anatomie que dans son emploi ou fonction est le but. Cette idée implique l'histoire, la comparaison, l'étymologie : c'est pourquoi l'histoire, la comparaison, l'étymologie sont devenues les pivots autour desquels tourne mon travail.

Par là se découvre un autre point de vue. Les mots ne sont immuables ni dans leur orthographe, ni dans leur forme, ni dans leur sens, ni dans leur emploi. Ce ne sont pas des particules inaltérables, et la fixité n'en est qu'apparente. Une de leurs conditions est de changer ; celle-là ne peut être négligée par une lexicographie qui entend les embrasser toutes. Saisir les mots dans leur mouvement importe ; car un mouvement existe. La notion de fixité est fausse ; celle de passage, de mutation, de développement est réelle.

Je n'ai prétendu à rien de moindre qu'à donner une monographie de chaque mot, c'est-à-dire un article où tout ce qu'on sait sur chaque mot quant à son origine, à sa forme, à sa signification et à son emploi, fût présenté au lecteur. Cela n'avait point encore été fait. Il a donc fallu, pour une conception nouvelle, rassembler des matériaux, puis les classer, les interpréter, les discuter, les employer. Je n'ai certainement suffi ni à les réunir tous ni à tous les éclaircir ; et déjà des trouvailles que je rencontre ou qu'on me signale m'apprennent que des choses d'un véritable intérêt m'ont échappé. Aussi, dans un si grand ensemble et dans l'immensité de ces recherches, je n'ai besoin d'aucune modestie pour demander l'indulgence à l'égard des omissions et des erreurs. D'ailleurs un supplément sera ouvert pour tout ce qui se trouve après qu'une œuvre de beaucoup d'années est terminée.

Ce long travail, bien long surtout pour un homme qui est entré dans la vieillesse, ne s'est pas fait sans secours et sans aide. Plusieurs personnes ont dépouillé pour moi les auteurs, recueilli les exemples soit dans les textes classiques, soit dans les textes antéclassiques, compulsé des dictionnaires, préparé des matériaux. Je nommerai M. Braut ; M. Huré, aujourd'hui maître de pension ; M. Pommier, aujourd'hui professeur de littérature à Saint-Pétersbourg ; M. Peyronnet, employé au ministère des finances; surtout M. Leblais, professeur de mathématiques, qui a le plus et le plus longtemps travaillé pour moi et a été mon compagnon le plus assidu. Cette *Préface* est le vrai lieu pour leur donner une marque de ma reconnaissance.

Dans le temps où j'amassais mes provisions, M. Humbert, de Genève, connu par différents travaux, et entre autres par son Glossaire du parler génevois, me remit une riche collection d'exemples pris en grande partie aux tragiques français et à quelques sermonnaires. Depuis, cet estimable savant est mort; mais le témoignage que je lui aurais rendu vivant, je suis encore plus empressé de le rendre à sa mémoire et de dire que ce dictionnaire doit quelque chose à ses labeurs.

Quand, après quinze ans d'un travail non interrompu, il fallut songer à l'impression, il fallut aussi songer à une nouvelle série de collaborateurs. Faire passer un ouvrage de l'état de manuscrit à l'état d'imprimé, est toujours, on le sait, une besogne rude, surtout s'il s'agit d'une aussi grosse masse qu'un dictionnaire. C'est dans cette laborieuse opération que je suis d'abord et principalement aidé par M. Beaujean, professeur de l'Université; il y est mon associé; il revoit la première et la dernière épreuve de chaque feuille. Une tâche d'une aussi longue durée ne l'a pas effrayé; et, comme moi, il ne la quittera que terminée. Je voudrais, si ce travail doit être un titre pour moi, qu'une telle collaboration fût un titre pour lui.

Puis vient le secours de M. Sommer, issu de l'École normale et bien connu par plusieurs publications, et de M. B. Jullien, auteur d'ouvrages estimés de grammaire et de belles-lettres. Tous les deux mettent au service du dictionnaire leurs lectures, leur expérience, leur savoir; et quand j'ai sous les yeux ces épreuves où sont consignées leurs observations et leurs critiques, je ne puis jamais assez me féliciter de leur zèle, de leurs lumières et de la sécurité qu'ils me donnent.

J'ai eu quelques auxiliaires bénévoles. Je citerai M. Laurent-Pichat, nom cher aux lettres; il a bien voulu me communiquer d'utiles remarques. Je citerai aussi M. Deroisin, avocat, l'un de mes jeunes amis; lui m'a fourni des indications surtout en ce qui concerne les termes de droit et d'économie politique.

J'aurais quelques remords à laisser sans mention deux autres auxiliaires, tous deux morts depuis longtemps, et dont les travaux inédits et enfouis dans les bibliothèques ne sont connus que de quelques érudits. Je veux parler de Lacurne de Sainte-Pelaye et de Pougens. Lacurne de Sainte-Pelaye, qui est du siècle dernier, avait préparé un dictionnaire du vieux français dont il n'a été publié qu'un premier tome ; les matériaux qu'il avait recueillis remplissent beaucoup d'in-folio qui sont déposés à la Bibliothèque impériale ; ces matériaux consistent en exemples pris dans les anciens auteurs ; je les ai eus constamment sous les yeux, et j'y ai trouvé de nombreux et utiles suppléments à mes propres recherches. J'en dois dire autant de Pougens. Lui est de notre siècle ; il avait projeté un *Trésor des origines de la langue française* ; un *Spécimen* en a été publié en 1819, et deux volumes, sous le titre d'*Archéologie française*, en ont été tirés. Pour s'y préparer, il avait fait des extraits d'un grand nombre d'auteurs de tous les siècles ; ses dépouillements sont immenses ; ils remplissent près de cent volumes in-folio ; c'est la bibliothèque de l'Institut qui les conserve, et ils n'y sont que depuis deux ou trois ans ; j'y jette les yeux à mesure que j'imprime, et avec cette aide je fortifie plus d'un article, je remplis plus d'une lacune. Les manuscrits de Lacurne de Sainte-Pelaye et de Pougens sont des trésors ouverts à qui veut y puiser ; mais on ne peut y puiser sans remercier ceux qui nous les ont laissés.

Ici se clôt mon compte de débiteur. On le voit, mon entreprise est œuvre particulière et d'un seul esprit, en tant du moins que conception et direction. Telle qu'elle est, elle a été conduite au point où la voilà par un travail assidu, et, pour me servir des expressions du fabuliste, par *patience et longueur de temps*. Il sera besoin encore de plusieurs années pour terminer l'impression et la publication du tout. Quel est le sexagénaire qui peut compter sur plusieurs années de vie, de santé, de travail? Il ne faut pas se les promettre, mais il faut agir comme si on se les promettait, et pousser activement l'entreprise commencée.

Pour la mener à bien, en ce qui dépend des hommes, une bonne fortune m'est échue, c'est que mon éditeur est mon ami. La plus vieille amitié, celle du collége, nous lie : elle s'est continuée dans une étroite intimité pendant toute notre vie ; et maintenant elle se complète et s'achève, moi donnant tous mes soins à ce livre qu'il édite, lui prodiguant tous les secours de son habileté et de sa puissante maison à ce livre que je fais.

PARIS. — IMPRIMERIE DE CH. LAHURE

Rue de Fleurus, 9